選ばれる女におなりなさい

デヴィ夫人の婚活論

ラトナ・サリ・デヴィ・スカルノ

講談社

はじめに

みなさま、ごきげんよう。

デヴィ・スカルノでございます。


わたくしは恋愛の質問を受けることが多いのですが、

「いい人がいないんです」

「恋ができません」

最近ではこのように、恋に悩むどころか、恋の出だしでつまずいていらっしゃる女性の多さに
ただただビックリしております。


いつから日本の女性はこんなに恋をすることから遠ざかってしまったのかしら？

すべての女性は幸せになるという資格と権利を持ち、この世に生まれております。

そして女性が幸せになるためには、ご自分で男性を選んではいけません。

男性から選ばれること。

男性から求められること。


これこそが女性がこの世で幸せに生きるための極意です。

世の女性たちが少しでも幸せな恋愛ができるように、日本人でただ一人、海外の国家元首の妻になったわたくしだから語れる恋愛術をみなさんにお伝えしていきたいと思います。

みなさんの恋愛をサポートするために、愛のムチで厳しくご指導させていただくといたしましょうか。


さあ、みなさん、幸せな恋愛をする準備はできていらっしゃるかしら？

しっかりわたくしについてきてくださいませ。


では、さっそく始めてまいりましょう。

選ばれる女におなりなさい　目次

第二部　デヴィ夫人の婚活論

男性から選ばれる女になるためにすべきこと　66

パキスタンのイスラマバードでサリーを着て談笑するデヴィ夫人。

第一部

華麗なる
激動の人生

貧しい境遇から
海外の国家元首の妻に
なるまでのストーリー

第一章　貧しくとも逞しい少女時代

戦時中に誕生

わたくしの闘争本能や負けん気の強さは、戦争色が色濃くなり始めた時代に生を受けたからでしょうか。ここでわたくしの生い立ちを振り返ってみましょう。

１９４０年（昭和15年）２月６日、わたくしは東京の港区霞町（現在の西麻布）に根本七保子（ねもとなおこ）として生まれました。前年にドイツのヒトラーによって第二次世界大戦がはじまり、後にイタリアが加わり、全ヨーロッパが戦争に巻き込まれていきました。当時の日本は、アメリカ、英国、中国、オランダの包囲網に取り囲まれ、北方はソ連からも脅かされている状況。石油、鉄鉱など資源のない日本は経済制裁を受けて瀕死の状態に追い込まれていたのです。

わたくしが生まれたその年の２月は凍えるように寒い日が続いていたにもかかわらず、節電のため電気の使用が制限され、たまに配給されるマッチを使って母は家事や育児をこなしておりました。

わたくしが1歳になろうとしている1941年（昭和16年）12月8日。日本は大国アメリカに勝つために宣戦布告もせずにハワイのパールハーバーを攻撃。こうして日本は第二次世界大戦に突入しました。アメリカ国民は日本の奇襲に怒り、正式に第二次世界大戦に参戦したのです。

4歳を迎えるころには、わたくしの自宅があった東京はB29爆撃機に何度も襲われるようになっていました。昼だろうと夜中だろうと空襲警報のけたたましいサイレン音が鳴ると、脚に障害を持つ母と小さな弟を連れて逃げ回り、青山墓地に掘られた防空壕に避難。大工の棟梁であった父は空襲で焼けた街の消防に携わっていたのですが、ある日火を消そうと屋根に上がったとき、脚に大やけどを負うことに。父の不幸な出来事はその後も続き、どこからか回ってきたメチルアルコールを飲んで視力も失ってしまいました。

福島県浪江に疎開

父を東京に残し、日に日に激しくなる空襲を逃れて、母の兄が自動車修理工場を営んでいた福島県浪江に疎開。シャンパンとフルコースを毎晩いただく今のわたくしからは想像もつかないと思いますが、当時のひもじさは尋常ではありませんでした。疎開先が農家ではなかったので本当に食料がなく、親子3人で肩身が狭かったのです。

空腹が続き、生きる気力さえも奪われそうになるわたくしたちに艦載機が容赦なく襲い掛かり、そのたびに山に近い川辺の竹やぶまで走って身を隠していました。脚の悪い母と小さい弟の手を引き、橋を渡り田んぼを横切り畑を駆け抜け、竹やぶに身をひそめるまでは、本当に生きた心地がしなかったものです。

やっとの思いで竹やぶにたどり着いても、村の人は「ここに入ってくるな！」とわたくしたちに怒号を浴びせるのです。それでも襲ってくる爆撃から逃れるためにやむなく竹やぶに飛び込むと、

「来るなと言ったのに何で入ってくるんだ！」

「そんなにゆっくり走ってきて敵機に見つかったら、ここにいる全員が爆撃されるんだぞ！」

村人から一斉に向けられた怒りに謝ることしかできない母は、地面におでこを擦り付けるように土下座していました。それでも収まらない村人が母に手を上げようとしたとき、わたくしは思わず母の前に立ち、両手を広げて「ダメ！」と叫んだのです。幼いながらにも、母を守らなければという気持ちがわたくしにはありました。

それなのに……十数年後、わたくしは結局、母も弟も守れなかった。このことを思い出すたびに、わたくしの胸は締め付けられるように苦しくなります。

敗戦後、東京へ戻る

終戦を迎え、溢れんばかりの人々を乗せた汽車でわたくしたちは東京へ戻りました。上野駅に

着くと、そこは浮浪者や浮浪児で溢れかえり、鼻を突く異臭が漂っていました。地下道を進んでいた時、誰かがわたくしの袖を引っ張り、怖くて叫びそうになりました。振り向くと小さな男の子が何かちょうだいと手を差しだしてきました。その時から自分を不幸だと思ったら、更に不幸な人を思えばよいのだ、と考えるようになりました。うちは貧しいかもしれないが、わたくしにはまだ両親がいる、この子にはいないのだ、と。

人をかき分け何とか地下鉄に乗車していると、当時ＧＩと呼ばれていたアメリカ陸軍の兵士たち3人が乗り込んできたのです。当時の日本人で外国人を見たことのある人なんて、ほとんどいなかったのではないかしら？　その3人のＧＩのうちの一人が、突然わたくしを持ち上げ、抱きしめたのです。母はＧＩがわたくしに危害を加えるのではないかとほとんどパニック状態に。半狂乱になって「誰か助けて！」と大声で叫びましたが、周りは見ぬふりです。

その時のわたくしは、泣き叫んで助けを求めていたとでもお思い？

たしかに母は叫んでいましたが、わたくしはそのアメリカ人兵士に抱きかかえられながら、動じることなく彼の耳や髪の毛を触り、遊んでいたのだそうです。幼いときですら、外国人とこのように違和感なく触れ合うくらいだったわたくし。遠い南の国で大統領夫人になったり、東洋の真珠として社交界でもてはやされたり、外国人と対等に接するための度胸は、幼いころから備わっていたようです。

地下鉄や都電を乗り継いで自宅周辺にたどり着いたわたくしが目にした光景は、それはそれはショッキングなものでした。あんなにもにぎわっていた街が、一面の焼け野原。今の六本木からはとても想像できない光景です。かろうじてわたくしたちの2階建ての自宅は奇跡的に焼け残っていました。

『特別に可愛い』わたくしの存在

自宅の近くにハーディー・バラックス（元歩兵第三連隊）というアメリカ軍の駐屯地がありました。その近くにはアメリカの新聞社もあり、子供時代のわたくしは近所でアメリカ兵を目にする機会がとても多かったのです。

そういう外国人たちの横には、電気パーマをかけ真っ赤な口紅を塗り、派手なコートを着た日本女性がぶらさがるように腕を組んで歩いていました。わたくしは子供ながらにとても恥ずかしいと思ったものです。〝自分が大人になったら、ああいう外国人たちをひざまずかせてやるんだ〟と密かに思いながら、彼女たちを眺めていました。

クリスマスになると、サンタクロースの恰好をしたアメリカ兵たちがジープに乗って、大きな袋からチョコレート、チューインガム、ビスケットなどのお菓子を街の子供たちに配って回りました。

大人たちはわたくしを抱き上げ、「ギブ・ミー・チョコレート」と言わせました。アメリカ兵たちが「おっ、可愛い子だ！」とわたくしをめがけてたくさんのお菓子を投げてくるからです。大人たちは次の横丁でもわたくしを担ぎ、同じようにしてたくさんのお菓子を手にしていました。

この頃からでしょうか――わたくしは自分のことを『自分は特別に可愛い存在なのだ』と自負していました。それに隣のお宅のおばさんは、よく「七保子ちゃんはべっぴんさん♪」と歌いながら盆栽に水をあげていたことも、わたくしにそう思わせる要因になっていたのかもしれません。

初めて感じた貧富の差

『自分は特別に可愛い存在なのだ』そう思っていたわたくしは、小学校に上がると同時に辛い現実を知ることになりました。

母が父のマントをつぶし、白いテープを付けて作ってくれたセーラー服を着て入学式にいくと、ピンクのドレスを着た女の子がいるではありませんか！　先生方はそのお金持ちの女の子をよってたかってチヤホヤし特別扱い。このとき初めて貧富の差で人の態度が変わるのだということを目の当たりにしました。生徒を公平に扱わなければならない先生たちなのに……。とてもショックでした。

わたくしが趣味で描いている絵は、いまも結構評判が高いのですが、それは子供の頃からの才能。学校では天才だと言われておりました。学芸会のときに紙芝居を作るのはいつもわたくしの役割で、みんなから褒められるたびに舞い上がるような気持ちがしたものです。でも、わたくしは一度も劇に出させてもらったことがなかったのです。劇には先生方から依怙贔屓されているお金持ちの子供ばかりが選ばれていました。しかし、中学に入った途端、何とわたくしは女子がただ一人しか出演しない山本有三作「盲目の弟」という劇で役をいただきました。環境が違うと恵まれることもあるのだとそのとき初めて分かりました。

視力をなくした父、脚の悪い母。

わたくしの家庭の経済状況は、とても貧しいものでした。それでも母はわたくしの絵の才能を伸ばそうと、近所に住む女子美大の教授をしておられた方を先生につけてくれました。決して安くはないその月謝を払うため、母は近所の人の着物を仕立てたり、内職を重ねたりしてなんとか工面してくれたのです。思い返せば、母はいつもお金の苦労ばかりしていました。

ある日わたくしが学校から帰ると、母が友達のお母さんにしきりに謝っていました。どうやら学費の借金をしていて、その返済が滞っていたようでした。お金がないという悲しみで心が痛み、母をそんな目にあわせている辛さに必死で耐えていました。

中学卒業後に就職

中学校に進んだわたくしは、特に勉強をしなくても学力テストはいつもトップクラスでしたので、まわりはわたくしが当然高校へ進学するものだと思っていたようです。ですが、少しでも家計を助けたいと、何の迷いもなく就職を選びました。金銭的な理由で進学をしなかったわたくしのことを先生方は〝お気の毒に〟と思っていたようですが、わたくしはその反対。

〝これで自分の人生を生きられる〟

貧しい境遇に生まれ苦労したことは
ラッキーだと思っています。
貧しさは神から与えられた
ギフトであり、イデオロギーであり、
パワーの源なのです。

着物姿も可憐なデヴィ夫人、16歳の春。

と希望に満ち溢れておりました。今でもふと思うことがあるのです。もしこのときにわたくしが周囲に勧められるままに進学をしていたら、きっと今とはまったく違った人生だっただろうと。この時わたくしが選んだ道は正しかったと確信していますが、幼い頃は裕福な人を見るたびに心が痛くなりました。でも今は、貧しい境遇に生まれ苦労をしたことをラッキーだと思います。貧しさは神から与えられたギフトであり、イデオロギーやパワーの源なのです。

難関を突破して千代田生命に入社

この時代、中卒は「就職＝工場労働」というのがお決まりのコースでしたが、わたくしはちょっと背伸びをして、京橋にあった千代田生命を受けてみました。合格率はなんと１％未満という狭き門を突破して採用されたのです。千代田生命の入社試験には英語があり、それが幸いしたのだと思います。当時は外交官や一部のエリート商社マンぐらいしか英語をまともに話せない時代でしたが、中学時代のわたくしは、英語はクラスで一番。さらに外国人の文通相手を持ち、近所に住む外国人と英語で話すのが日常でした。採用試験では英語の面接があったのですが、わたくしの流暢な英会話を聞いた面接官の驚いた表情に「わたくしは選ばれる」と確信しました。このとき採用されたのはたったの３人。でもわたくし以外の２人は縁故採用だったのです。わたくしは人事秘書課に配属されました。

わたくしが今の立場にあるのを「大統領との結婚があったからだ」と勘違いされる方もいらっしゃいますが、自分の人生は自分で切り開くもの。これはこの当時からわたくしが持ち合わせていた〝自分で未来を切り開くパワー〟。他力本願やなりゆきだけでは、人生は開拓できません。そこをみなさまにもぜひ肝に銘じていただきたいのです。

ＯＬ、アルバイト、学生……そして父の死

「とにかくお金をたくさん作って家計を助けたい」

この一心で、ランチタイムは会社近くの喫茶店で50分のアルバイト、土日は銀座の喫茶店でアルバイト。そして夜は超難関、都立三田高校の定時制に通っていました。〝三足のわらじ〟を懸命にこなす日々。ちなみにこの高校はクラスで成績が3位以内でないと受からないという当時の超難関校でした。ですが、夜間の高校生活は、そう長くは続きませんでした。

中学の時、わたくしが興味を持ったのがお芝居。母が嫁いだ時に持ってきた着物を売ったお金で、新橋の演舞場に連れていってくれたことがありました。それ以来、舞台への憧れを強く持っていたわたくしは、家の近くにあった東芸プロという俳優育成プロダクションに入団したのです。演劇、声楽、舞踊などをいろいろな先生について習っておりました。お稽古は会社帰りの夜間。高校にいくことを犠牲にするしかなかったのです。

しばらくすると実習ということで、テレビや映画のエキストラのお仕事をいただくようになりました。そうそう、あの有名な『二十四の瞳』にもエキストラの高校生役で出演。『ああ無情』というドラマにコゼットの友人役で出演したり、当時すでにスターだった浅丘ルリ子さんの番組にも何度か出演していたのです。

同時期、家の近くに国際クラブという外国人がよく出入りしている素敵な洋館がありました。そこに住んでいたチキータさんというフィリピン人歌手の方と友達になり、英語の歌を習ったのです。彼女の紹介でナイトクラブでもアルバイトをするようになると、わたくしは本物の歌手のチキータさんよりも人気になりました。

この頃は寝る間も惜しんで楽しみながらいろんな経験を積んでいったのです。もう何もかも初めてのことばかりだから刺激的！　映画の仕事も増えてきて会社から撮影所へ直行することも多く、ますます高校から足は遠のいていきました。

そんな中、戦時中に飲んだメチルアルコールの影響で目を悪くしていた父が突然倒れ、数日後に逝ってしまいました。その時わたくしは16歳。これからはわたくしが母と弟を養っていかなければ。そう心に誓ったのです。

初めての恋

就職して2年目の春、秘書課に入社してきた女性に連れられて、彼女のお兄さんが働く銀座のお店に遊びに行った時のこと。

三島由紀夫さんや美輪明宏さんなどの有名人も来るお店だと聞いて楽しみにしていたら、そこで働く従業員は誰も彼も美男子ばかり！　その中に黒川暎二という男性がいたのです。その顔はエリザベス・テイラーを男性にしたような美しい目鼻立ち。日本人と思えないようなその容姿に釘付けになり、たちまち恋に落ちました。

16歳で迎えた初恋は、すべてがキラキラと輝いておりました。父を亡くしたばかりのわたくしと両親が離婚したばかりの暎二さん。わたくしたちが将来を誓い合うのに長い時間はかかりませんでした。自分の幸せが確実に今ここにある。それは楽しい青春で、毎日を謳歌していたのです。それなのに……。

ある日、暎二さんは忽然とわたくしの前から姿を消したのです。

連絡も突然途絶え、心当たりを捜しても見つからない。血眼になって捜し出したその先は、清瀬の結核療養所でした。取るものも取りあえず駆けつけて、彼に会うなり「ひどいわっ」と泣き叫びました。

彼によれば、ある日突然バケツ一杯の血を吐いて悪い病気だと悟り、わたくしにうつしてはいけないと姿を消したというのです。

お見舞いの後、主治医に「どのぐらいで退院でしょうか?」と尋ねると、

「……」

無言のまま何も答えてくれません。

「1年ぐらいでしょうか?」

「いいえ」

恐る恐る「じゃあ、3年ぐらい？」と聞くと、

「まあ……」

「5年？」

「……」


ああ、暎二さんは死ぬのだ。そのとき、わたくしは悟りました。今でこそ薬で治すことのできる結核も、当時は不治の病。たくさんの日本人が戦後、結核で命を落としました。生まれて初めて愛した男性との未来が断ち切られてしまい、涙がとめどなく流れました。わたくしが最後に暎二さんの姿を見たのは、彼の離婚した父が住む千葉で療養生活を送っていた美しい白浜の海岸。

「君は生きてさえいてくれたら、何をしてもいいよ」

これがわたくしへの彼の最後の言葉でした。わたくしがインドネシアに嫁いだ数年後、彼は静かに息を引きとったそうです。

スカルノ大統領がお気に入りだったデヴィ夫人の写真。

第二章　大統領との運命の恋

激動の人生のはじまり

「あなたに紹介したい人がいるんです」

19歳の誕生日前に、突然わたくしに降ってきたこの一言。

この言葉を発せられたときから、わたくしは魔法にかけられたかのように華麗で激動の人生を歩むことになりました。貧しい生まれのわたくしが外国の大統領の妻になることを、一体誰が想像できたでしょうか。

赤坂のサパークラブ「コパカバーナ」

17歳の春。

赤坂にあったコパカバーナという高級サパークラブにわたくしは初めて足を踏み入れました。後にこちらで働くことになるのですが、はじめはお客として訪れたのです。夢のようにゴージャスなこのサパークラブは、お客さんの97％が裕福な外国人。1階は大きなバーとラウンジ、2階はフレンチ・レストラン、地下1階はビッグバンドが演奏するフロア。世界の社交場として煌びやかで華やかな店内で働く女性は、ファッション誌から抜け出してきたような女性ばかり。彼女たちは皆、流暢な英語を話し、外国人のＶＩＰを接客していました。

見るものすべてがキラキラ輝いて見え、こんな世界が現実にあるのかと大変に驚いたのを今でも鮮明に覚えています。オーナーと仲良くなったわたくしは、次第にお店でお手伝いをするようになりました。

当時のわたくしは、このサパークラブで働くことでとんでもない額の収入を手にしていたのです。皆、わたくしを「プリンセス」と呼び、一晩で7000円から1万円くらいは稼いでいたはず。この時代のサラリーマンの平均月給が1万8000円だったから、それが一晩で1万円！　この額がどれだけすごいことだったか、お分かりになるかしら？

貧しい家に生まれ、食べることにも苦労してきたわたくしは、少しでも多く働いて家計を助けたかったのです。あとはお金とは別に3つの目的がありました。

ひとつは世界に通用する生きた英語を学ぶこと。

2つ目は、自分で独立してお店が出せるぐらいの資金を調達すること。

「あなたに紹介したい人がいる」
この言葉でわたくしの運命は動き出しました。

東芸プロ時代。1958年。

そして3つ目は、花嫁修業として、華道は草月流、茶道は裏千家、そして日舞は花柳流を習得すること。

英語は教科書で勉強したってダメ。実際にビジネスの場で活躍をしているビジネスマンと話すことで、リアルな英語を身につけたかったのです。世界に通用する一流の外国人と会話をし、コネクションを作りながら、世界への道とチャンスを模索していました。

運命の赤い糸の前兆

わたくしに男性を紹介したいと言ってきたのは、『東日貿易』という小さな商社の社長を務めていた、久保正雄という男性でした。彼は日本政府の戦争賠償の事業を担っていて、インドネシアといろいろと関わりがあるお方。この方がわたくしにどんな男性を紹介してくれるというのでしょうか？

この頃のわたくしは働いて得たお金で、母と弟のために表参道にセントラル・アパートを借りていました。セントラル・アパートってご存知かしら？　今でいう高級マンションの走りという感じでしょうか。わたくしたちは早くに父を亡くし、母は生活のためにいつもお金には苦労していました。だからこそ母に心配を掛けたくないという思いで、ずいぶん家賃を奮発したのです。

高級サパークラブで働きながら身につけた英語力があり、世界の富豪から気に入られてプロポーズを受ける日々。普通に考えたら若くてキレイな自分に夢中になり、愛情を注いでくれるゴージャスな男性がいたなら十分幸せですよね。でも、わたくしはこれが望んでいた未来なのか確信が持てず、自分の人生の向かうべき方向が定められずに悶々とした日々を過ごしていました。

そんなとき、久保さんが発した「紹介したい人がいる」という言葉。なぜだか彼の言葉に自分の人生をかけてみようと思ったのです。彼を信じ、サパークラブのアルバイトを辞めてしまいました。

動き出した運命

それからほどなく、わたくしは久保さんと日比谷のスカラ座で『愛情の花咲く樹』という映画を見る約束をしました。指定された帝国ホテルのグリルの入り口で待ち合わせをしていると、わたくしの前を軍服を着た外国の要人らしき人がたくさんのお供を連れて通りかかりました。

しばらくして「ミスター久保は仕事のミーティングが長引いています。上でお茶会をやっているのであなたもどうぞいらしてください」と急に声をかけられたのです。事態が呑み込めないわたくしでしたが、「プリーズ、プリーズ」と、要人のお供のひとりが言ってせかすので黙って従いました。案内された部屋は、甘い香りを放つ花が廊下にはみ出しそうになるほどズラリと並び、そして奥のソファーには先ほどの軍服の男性が座っていました。

黒いイスラム帽をかぶり、ブルーの軍服を着たその男性は、連日新聞をにぎわせているインドネシアのスカルノ大統領だと紹介されました。

目がキラキラと輝き、チャーミングな八重歯と慈悲深い大きな優しさ。サパークラブで世界の富豪たちとは対等な関係を築いてきたけれど、それでもその時の雰囲気は別格！　実はとても緊張してしまって、その時のことはあまり覚えていないのです。大統領としばし談笑をしてその日は終了したのだと思います。

その後、久保さんがやってきて一緒に映画を見たのですが、彼は隣でいびきをかいて寝ていました。後から思えば……あの時の大統領との面会は、久保さんがセッティングした「お見合い」だったんじゃないかしら？　待ち合わせ場所の前を来日中の大統領が通りかかり、お声をかけていただきお茶を一緒に飲むだなんて偶然にしてもおかしい。彼が紹介したいと言っていた人は、スカルノ大統領のことだったのかしら？――自分の人生に行き詰まりを感じていたときに突然降ってきたＢＩＧなサプライズ。人生はいつ何があるかわからない。まさにその通りのことがわたくしに起きたのです。

その出来事から2日後、駐日インドネシア大使に招かれ、わたくしは再度帝国ホテルにて、スカルノ大統領にお会いしました。帰国の際も羽田空港までお見送りに伺うと、その場でわたくしを見つけた大統領は自らこちらに寄って来て、固い握手をしてお別れしたのです。

突然の手紙

スカルノ大統領が帰国してから、わたくしはいつもの生活を取り戻しておりました。そんなとき、一通の手紙が届けられたのです。差出人を見ると、あのスカルノ大統領からでした。

息をするのも忘れ急いで封を開けると、そこには美しく力強い筆跡が。スカルノ大統領からの手紙の内容は、ご自分の近況報告とわたくしの写真を送って欲しいというものでした。わたくしは大統領の健康を気遣う文面と一緒に写真を添え、お返事を出しました。その時の写真がこの書籍の表紙になっている写真でございます。

まさにわたくしにとっては運命の一枚。

この写真はわたくしもとても気に入っている写真なのですが、この一枚の写真が自分の運命を大きく変えるものになろうとは、このときは夢にも思いませんでした。

次にまたお手紙が来たのは、それから少したってからのこと。

女の勘とでも申しましょうか。大統領がわたくしのことを気に入っていたことは直感でわかっていました。でもその反面――お相手は遠い国の大統領。まさかそんなことがある訳ないじゃない。淡い期待をしては、それを自分で打ち消すことを繰り返す毎日。19歳のわたくしの心は日替わりで浮ついたり、落ち込んだり。それは忙しいものでした。

大統領から届いたその手紙には、

「2週間ぐらいインドネシアに遊びに来ませんか？」

このようなお誘いが書かれていました。自分の進む道が見えぬまま、未来を模索していたときに来たこのお誘い。インドネシアに遊びに行ったら何か新しい道は開けるのかしら？　何かひらめきが得られるかもしれない。

まだ見ぬ扉を開けるかのように、こんなポジティブな好奇心がわたくしをインドネシアへと向かわせたのです。

上／犬を抱きインコを眺める夫人。
下／スカルノ大統領と談笑する夫人。

想像すらつかない国

日本とインドネシアは、正式な外交関係はこの前年に結ばれたばかり。わたくしはインドネシアという国がどこにあるのかも正確に知らなかったし、持っていた古い地図には「蘭領東インド」という国名で書かれていました。わたくしはいったいどのような国に行くのでしょうか。当時のわたくしはインドネシアについての知識もなく、持ち合わせていたのは冒険心のみ。

渡航の準備はお金も含め、東日貿易がすべて手配してくれました。この当時、パスポートを持っている日本人なんて、めったにいなかった時代です。国交は回復していたけれど、今と違って日本人がビザなしで気軽に旅行できるような状況ではなかったのです。当然のように両替なんていうシステムすらなく、日本から国外へ行くには「日銀」でドルの割り当て枠をもらう必要がありました。

いざインドネシアへ

インドネシアに旅立ったのは１９５９年（昭和34年）９月のこと。わたくしは飛行機を利用できるだけ恵まれていましたが、当時の海外への道は船旅が主流の時代。ＪＡＬですら香港までしか飛んでおらず、まずは香港を目指して日本を飛び立ちました。

香港に到着したときは、それはもうカルチャーショックでした。中国からの難民や、歩いて国境を越えてきた人々が空港にごろごろ寝ていたのです。

香港で乗り継ぎバンコク経由でシンガポールへ。そこで1泊したのですが、泊まったホテルは古い植民地スタイルのホテルで、バスタブにお湯を溜めようとしたら、茶色い水があふれてきました。蒸し暑いのに冷房もなく、右手で食べながら、左手でハエを追い払う有り様。今でこそシンガポールは世界有数の清潔な都市ですが、この頃は家のない人たちが路上に寝ころび、とにかく汚い印象しかありませんでした。

そうこうして、やっとの思いでジャカルタへ到着。日本では目にすることのない大きく葉を広げる樹木とジリジリと照りつける灼熱の太陽。ステキな街並みと異国情緒あふれるこの国に、香港、バンコク、シンガポールを通過してきたわたくしも心をウキウキとさせる反面、体にまとわりつくような生ぬるい空気と吹き出す汗に一抹の不安も感じていました。

オランダのアムステルダムを模して造られた旧市街には、運河が至る所に掘られ、オシャレなビルや銀行が立ち並んで活気にあふれていました。その瞬間、運河で目に入ってきたものに、わたくしは思わず「キャー――」と大人げなく叫んでしまいました。貧しい人々がその運河でお尻を丸出しにしていたり洗濯をしているではありませんか！

お客さんを椅子に座らせて走る「ベチャ」という人力車、人があふれんばかりに乗り込んでいる小型バス、栄養不足でやせ細っている人など、見るものすべてがわたくしを驚かせました。

オートクチュールのドレスに身を包む夫人。

人生を誓った大統領からのプロポーズ

ジャカルタでスカルノ大統領を初めて目にしたのは、国民の前で演説をしている姿でした。何万という国民の前でのその凜々しい姿、そして大統領を崇拝し、そのスピーチに心を打たれ涙する国民。東京でお会いした際もスカルノ大統領の偉大さはとても強烈にわたくしの心に映っていましたが、実際にインドネシアで観たその姿は、わたくしの想像をはるかに超えていました。

多忙な国務の合間を縫って、スカルノ大統領は専用ジェット機でわたくしをバリ島へ連れて行ってくださいました。神々が宿るこの楽園で太陽が沈むのを眺めながら、大統領は静かにこう囁いたのです。

「私のインスピレーションになり、力の源泉となって、私の人生の喜びになってください」

わたくしは一瞬でプロポーズだと悟りました。

なんと美しい言葉でしょう。このような美しい言葉は今後１００年生きていたとしても聞くことはできないのではないかと、感動し心が震えるのを感じました。この国で偉大な力を持つスカルノ大統領に愛され、わたくしは〝選ばれた〟のです。

選ばれた以上、それにこたえるのはわたくしの役目ではないでしょうか。たとえようもない幸福感と溢れんばかりの達成感。言葉にすることができないほどの喜びで、わたくしの心は満たされていきました。先行きが見えず不安を抱えて日本で暮らしていたわたくしは、きっとこの瞬間を待っていたのでしょう。

大統領官邸、ムルデカ宮殿にて。1959年。

Please be my inspiration.
Please be my strength.
Please be joy of my life.

「私のインスピレーションになり、
力の源泉となって、
私の人生の喜びになってください」

――スカルノ大統領からのプロポーズの言葉

第三章　日本に残してきた家族

日本の母と弟

　スカルノ大統領からの美しいプロポーズと同時に頭に浮かんだのは、母と弟の存在。日本に二人を残すことになるのだろうか？　久保さんは「お母さんと弟さんのことは心配せず安心して大統領に尽くしなさい」と二人の生活の保証をしてくださることを約束してくれました。少々不安は残るものの、大統領の愛におこたえすべく、わたくしはインドネシアにとどまることにしたのです。わたくしたちは官邸のモスクでイスラム式の結婚の誓いをいたしました。

　たった2週間の旅行と思い、持ってきたものは取り急ぎの身のまわり品と数日分の洋服。気軽に日本を飛び立って来てしまったのに、まさかプロポーズを受けて長期滞在することになるとはだれが想像できるでしょうか？　人生は何があるかわからないものです。

その日からわたくしは、用意していただいたブーゲンビリアが咲き乱れる大きな一軒家に移り住みました。訪ねてこられる大統領を待つ以外は、ピアノ、インドネシア語とフランス語を勉強して南国での生活をスタートさせたのです。

初めての帰国

１９６０年（昭和35年）５月。わたくしの初めての日本への帰国は、インドネシアに来てから８ヵ月後のことでした。ほんの２週間のつもりで国を出てからの予想外の長い滞在。母はわたくしが無事に帰国したのを涙を流さんばかりに喜んでくれました。

楽しい滞在もつかの間、再びインドネシアに戻るわたくしに、母は寂しさで叫ぶように「行かないで！」と必死に訴えました。この当時は国際電話などほとんど通じないような時代。さぞかし心配したことでしょう。わたくしだって母をインドネシアに連れて行きたかったのです。でも、母の持病の高血圧は飛行機には耐えられない、という医師の判断に泣く泣く諦めたのです。そして、わたくしは東京・等々力に庭付きの１００坪の家を母にプレゼントしました。

心を病んでいく母

インドネシアへ飛び立ったわたくしのことを、日本の週刊誌はあることないこと、それはもうひどく取り上げました。まさにスキャンダルの渦中にいるわが娘。母はその内容に傷つき、次第に心を弱らせるようになりました。

わたくしの2度目の帰国の際、母が倒れて昭和医大の病院へ運ばれました。脳軟化症と診断され、長期の入院を余儀なくされました。インドネシアへの帰国が迫るわたくしは、いとこたちに母を託し、心が潰れそうになりながらもインドネシアへ戻らねばなりませんでした。

わたくしだって、たった一人の年老いた母と一緒に暮らしたい。その気持ちに嘘偽りはありませんでした。自分の母を心配しない娘がどこにいるでしょうか。でも、大統領は何よりもわたくしを必要としている――全身全霊をもって愛する男性と一緒にいるのがわたくしの役目ではないか。意を決して帰国を決めたわたくしに向かって母は命を絞り出すような大声で叫び、引き留めようとしました。

母には本当に申し訳ないけれど、わたくしは新しい生活を選びました。断腸の思いで母の叫びを振り切り、涙を流しながら病室を飛び出したのです。

その年の暮れ、日本にいる弟からの電報にわたくしは言葉を失いました。

「ハハキトク　スグカエレ」

こう書かれた電報を持つ手は震え、その場で崩れ落ちたのです。

二人の死

母の危篤の知らせを受け、取るものも取りあえず日本に帰国。そのときすでに母の意識はありませんでした。わたくしは自分を責め、毎日のように病院に通い懸命に看病をしましたが、結局、母は帰らぬ人となりました。

そして、その2日後、弟が自宅でガス自殺を図り亡くなったのです。

その日は奇しくもわたくしの22歳の誕生日。この世に本当に神や仏がいるのかと呪うほどの無力感を感じておりました。日本へ帰国をしてからの日々は母の看病に明け暮れ、弟のことはあまり気に留める余裕はありませんでした。わたくしがインドネシアで大統領にお仕えをしている間、心を病む母を一人で抱え、弟も悩み苦しんでいたのです。わたくしは自分の新しい生活に夢中でそのことにまったく気がつかなかったのです……。

愛する二人を一度に失うという、わたくしを襲った悲劇。

病の母はともかく、弟は救うことができたのではないだろうか？

人は幸せを得るには何かを犠牲にしないといけないのでしょうか？

神様、もしあなたがいるのなら愛する二人をなぜわたくしから取り上げるのでしょうか？

いや、神様などいない。わたくしは悪魔に祈りました。「弟の命を吹き返させてくれるなら、お前に私の命を捧げよう」と。

母と弟のいない日本にもう未練などない。後悔と絶望に打ちひしがれて、わたくしはジャカルタへ戻りました。

第四章 インドネシア大統領夫人として

大統領夫人としての生活

「これからはお前の幸せだけを思って生きる」

母と弟を亡くし失意の帰国をしたわたくしに、スカルノ大統領はこう言ってくれました。

そして、１９６２年（昭和37年）３月３日。母と弟のためにわたくしは日本国籍のままでいましたが、もうその必要はなくなりました。一国の国家元首との結婚にあたり、日本とインドネシアの二重国籍は許されることではありません。わたくしは日本国籍の除籍を行い、正式にインドネシア国籍を取得しました。それと同時に、生を受けたときに与えられた根本七保子という名前から、「ラトナ・サリ・デヴィ・スカルノ」になりました。

「宝石の精なる女神」という意味を持つこの名前は、スカルノ大統領が名付けてくださいました。これからは大統領のためだけに生きる決意を固めたのです。

大統領の妻たち

スカルノ大統領には3人の離婚した妻がいました。学生時代に数ヵ月お家再興のため結婚した子供のような妻。投獄、流刑を支えた10歳以上年上の妻。独立宣言をした頃の妻と4番目の妻のみが、ジャカルタから1時間ほどのボゴールに住んでおられました。現在インドネシアは一夫一婦制ですが、かつては4人まで妻を持つことが宗教的に認められておりました。ただ同時に厳しい条件もあり、新しく妻をめとる際には、ほかの妻たちの同意を得ること、すべての妻に対して地位、財産などすべてを平等に与えないといけないということが定められていました。なんと愛情までもです。

〝すべての妻に対して愛情を平等に〟そう決められているけれど、これは難しいことですね。わたくしはスカルノ大統領からの愛を一身に集めていたという自負がございます。その証に、大統領が外遊する際は、決まってわたくしがお供したのです。パキスタン、フランス、イタリア、オーストリア、ブラジルなど、国際的で外国人に評判の良いわたくしは名実ともに大統領のパートナーになったのです。

大統領からのプレゼント

大統領はわたくしにたくさんのプレゼントをしてくれました。地方での国務で数日間会えないときは、ロマンティックな愛のポエムが手紙で送られてきましたし、他にもまばゆい輝きの宝石、オートクチュールの衣装などを贈ってくれました。その中でも一番贅を尽くしたものと言えば、23歳のわたくしの誕生日にいただいた宮殿でしょう。ジャカルタの一等地に5ヘクタールという広大な敷地、そこにわたくしの大好きなバリ風建築の館を建てていただきました。

このゴージャスな館ができたときは、大臣方を招いた盛大なパーティーが開かれ、当時の建設大臣から赤いベルベットの上にのせられた黄金の鍵が手渡されました。これを機に公私ともに大統領夫人として活躍ができるようになったのです。

大統領にお仕えすることでわたくしが失ってしまった母と弟。これで二人の死を無駄にせずに済むという気持ちになり、その宮殿を弟の名を取って『ヤソオ宮殿』と名付けたのです。

ヤソオ宮殿には8人ずつの護衛が3交代制で、24人の使用人たちが務めていました。彼らがわたくしの身の回りのお世話をしてくれていたので、家事などはする必要がありませんでした。付き人に秘書、ヘアメイク、衣装管理、清掃はもちろん、日本人の料理人までが住み込み、わたくしの食事を作ってくれる毎日。どこへ移動するにもわたくしには護衛が付き、就寝中も部屋の外には見張りの者。自由な時間だとしても常に人に囲まれて過ごすことがわたくしの日常になったのです。

この頃、インドネシア国内でのスカルノ大統領は、終身大統領という地位を獲得して、それは巨大な権力を持っておられました。そして第三勢力のリーダーとして国際的にも一目置かれる存

わたくしは
大統領からの愛を
一身に集めていたという
自負がございます。

大統領から行ってきますのキスをされる夫人。

在。そんな彼を支えようとわたくしは彼のベスト・アドバイザー、ベスト・アシスタントになるべくインドネシア語を完璧に習得し、病院建設や慈善事業などを率先して行い、身を粉にして大統領に尽くしておりました。

それはもしかすると、母と弟という最愛の存在を犠牲にしてでも、スカルノ大統領に自分の人生をかけたというわたくしの意地だったのかもしれません。

第五章 政権の変化、そして母に

不穏な情勢下での妊娠発覚

１９６５年（昭和40年）９月30日。

この日を境に、大統領とわたくしの運命はすっかり変わってしまいました。わたくしは大統領の妻として、自分にしかできない責務を見出し充実した幸せな日々を過ごしておりました。

この日は後に九・三〇事件と呼ばれる事件が起きた日で、革命評議会を名乗る中佐らが陸軍将軍を拉致した後に殺害。これをきっかけに政治状況は緊張が高まっていき、わたくしが心から平穏に過ごせる日は一日たりともありませんでした。

政治、経済、利権、対抗勢力、クーデター、暴動、身内の裏切り。

これらが複雑に絡み合い、誰が敵か味方かもわからぬような状態。日に日に悪化していく国内情勢を収めようと国内を飛び回る大統領。その不在中、わたくしは軍と大統領を取り持とうと命を懸けて交渉に臨んでいました。この情勢さえ落ち着けばきっとまた安心に包まれた幸せな毎日を取り戻せるのだ。わたくしは大統領夫人として国内の緊張を何とか収めようと必死で動いておりました。

そんなある日、心臓が突然バクバクと激しく打ち、わたくしは地面に倒れこんでしまったのです。すぐさま主治医に診察してもらったところ、妊娠していることが判明しました。

わたくしが大統領のもとに嫁いで7年目のこと。

今までどんなに望んでいても子宝には恵まれず、諦めていたところに突然の妊娠。国内情勢の緊張感が高まる一方の時期、セキュリティーの観点からもわたくしが妊娠していることは世間には知らされませんでした。ほんの数人しかわたくしの妊娠を知る者はいない中、それを真っ先に指摘したのは、わたくしの衣装のデザイナーをしてくださっていた森英恵さんでした。ジャカルタからサイズと共に新しい衣装をオーダーしたところ、その変化にピンと来たそう。いつも体型には人の何倍も気を付けているわたくしが太るわけがない、そう感じたそうです。

カリナの誕生

混乱した情勢の中、インドネシアで無事に出産できるのか？　大統領は日本での出産をわたくしに強く勧めます。ですが、わたくしは大統領のそばを少しも離れたくありませんでした。必死に抵抗したのですが、身の安全を第一に考えて大統領命令により日本で出産することになりました。

ドクターと二人の警護官に付き添われて来日。羽田空港に到着した時は、日本の外務省、インドネシア大使、警視庁からの警護官たちの出迎えを受け、ファーストレディとして最大級の対応を受けました。

1967年（昭和42年）3月7日。春の日差しを感じる日に、娘カリナが誕生。

このインドネシアの状況下では大統領とは電話もできず、コミュニケーションは電報のみ。一人で子供を産む心細さや悲しみ。でも、カリナの力強い産声を聞くうちに「この子を守れるのはわたくしだけ」――この気持ちがわたくしの生きる源になりました。

わたくしと共にインドネシアから来た警護官、インドネシア大使館の医師により、大統領の子としての出生証明書が大使館で作成されたのです。

運命とはなんという皮肉なものでしょうか。

カリナがこの世に生を受けたまさにその日、インドネシアでは暫定国民協議会が開かれていたのです。その結果、スカルノ大統領は終身大統領という名誉ある地位を剝奪され、ただの大統領に。敵対勢力が大統領代行となり、わたくしの夫は国のお飾りになってしまったのです。

帰れぬインドネシア

わたくしはカリナを出産後、2ヵ月もしたらインドネシアに戻り、夢見ていた親子3人での暮らしをスタートさせるつもりでした。

「今は情勢が危ない。安全な日本に留まりなさい」

帰国準備をしているわたくしとカリナに届いたのが、大統領からのこのメッセージ。たとえ大統領が立場を失ったとしても、親子3人で慎ましく愛のある家庭を作ることがわたくしの唯一の願いでした。その夢が叶わないことを知り、虚しさだけがわたくしを支配していました。

その間、インドネシア国民の不満はどんどん膨らみ、その怒りは次第にスカルノ大統領へと向けられていったのでした。

第六章　東洋の真珠

フランスの地へ

わたくしとカリナは政治的な流刑者に寛容なフランスを選び、亡命いたしました。身の安全が確保できないインドネシア。執拗にマスコミに追い回されてバッシングされる日々の日本での生活。

パリでは正反対の自由で開放的な生活を送ることができました。わたくしには「マダム・ラ・プレジドン」というタイトルがあり、地位、財力、語学力、パーソナリティ、それに加え、若さに美貌。わたくしの持つそのすべての魅力が味方をし、社交界の花としてレッドカーペットを歩く日々が始まりました。

『東洋の真珠』と讃えられていたことは、もうみなさんはご存知ですよね。カリナを育てつつ、

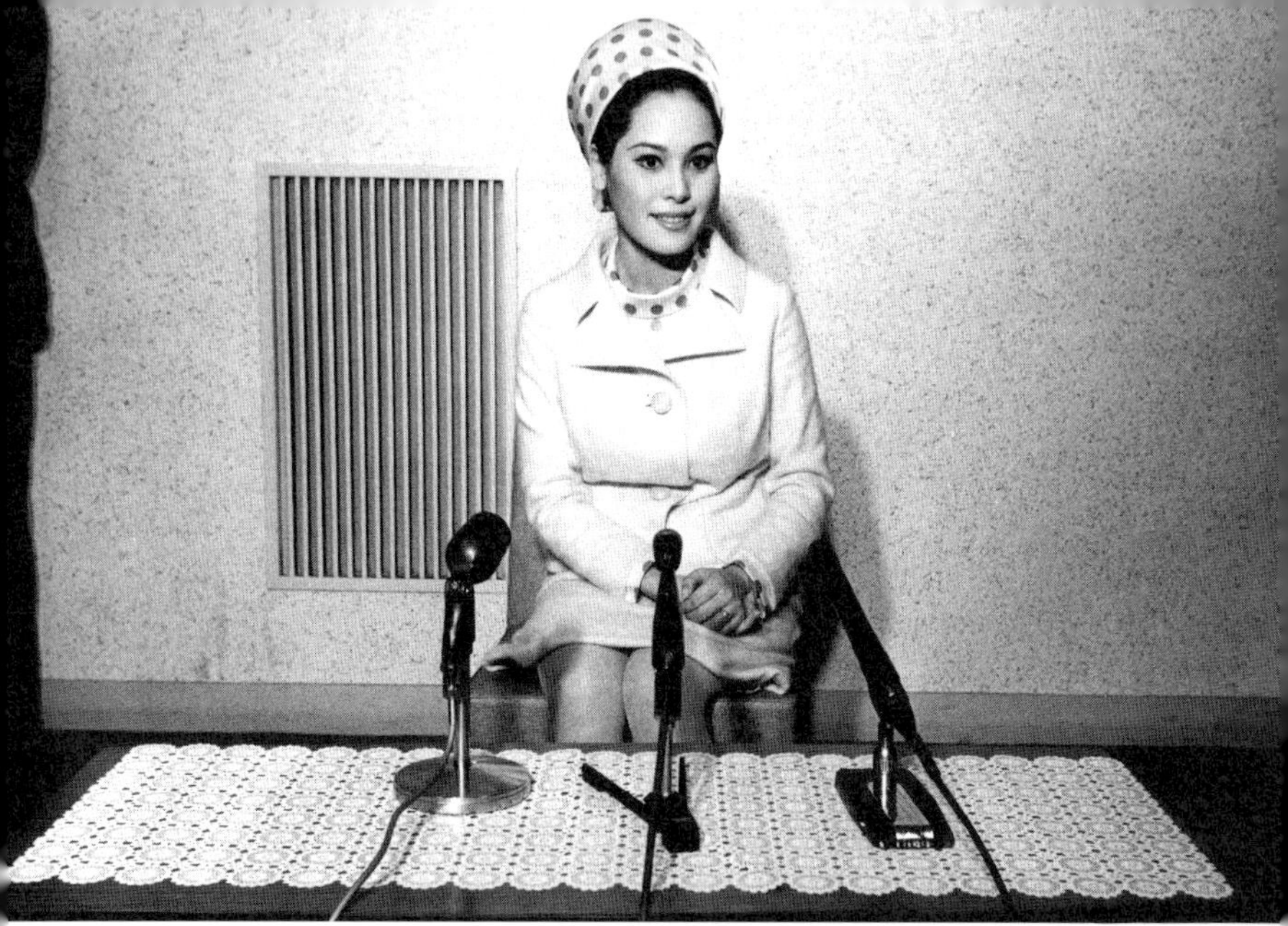

上／カリナを出産後、日本で記者会見。
下／社交界のパーティーのひとコマ。このときのパーティーのテーマは「おとぎ話」。

夜は華やかなパーティーへ招待されるような華麗な毎日。地道にフランス語を勉強していたおかげで、すぐにわたくしは社交界の方々と打ち解けることができました。やっぱり教養は大切です。教養はみなさんご自身の道を切り開いてくれる武器になりますから。

大統領の地位剝奪と幽閉

カリナの1歳の誕生日、わたくしの夫は大統領としての地位を剝奪されました。わたくしはその悲しい知らせをパリで受け取りました。彼は宮殿を追われ、多くの部下たちは囚われの身。インドネシア建国の父・スカルノにこんな屈辱を与えるなんて。孤独な夫を思うと胸が潰れる思いでした。

幽閉状態になってからの夫は体調を崩し、健康状態がどんどん悪化していきました。すぐにでもインドネシアに飛んでいきたかったのですが、軍の許可が下りず、わたくしはパリから身を案じることしかできませんでした。

毎日いてもたってもいられず、眠れぬ苦しい夜。

わたくしがインドネシアに戻ったら、たちまち現政府につかまり、カリナともども命の保証はありません。たとえ命は助かったとしても、カリナと離れ離れになり、厳しい尋問は避けられないでしょう。それでも夫に会いたくてなんとかインドネシア入国を試みようとバンコクまで飛んだものの、インドネシア入国は許可されず、パリへ引き返すことになりました。

大統領の死

あるパリでの朝。

いつものように新聞を読んでいると、そこには夫の写真が載っていました。顔はむくみうつろな目……。その顔を見て大変なことになっていると悟ったのです。

わたくしは意を決してインドネシア入国を試みました。フランスの友人たちは「デヴィ、あなたは気がおかしくなったの？　インドネシアに行ったらあなたは殺されるのよ！」そう必死に止められました。わたくしは死んでも構わない。自分の夫に会いたいだけ。一目見て殺されるのなら本望――

シンガポールでの乗り換えで、インドネシア大使館員３人がわたくしとカリナに近づいて言いました。

「あなたには許可が下りないのでジャカルタへは入れません」

「どうして自分の国に入るのに許可が必要なのですか？　わたくしは行きます」

「それでも行くのであれば、あなたの命の保証はありません」

わたくしは神に祈りました。もし、わたくしが銃弾に倒れることがあったら、「神よ、どうぞ一秒でも生かしてください。そして、カリナの命を自分で止める力を与えてください」と。わたくしにはカリナが敵の手に渡ることは考えられなかったのです。

ジャカルタに到着後、わたくしは夫がいる陸軍病院へ直行しました。そこで目にした夫は、懸命に死と戦っていました。軍服姿のあの勇ましく活気にあふれる凛々しさは微塵もなく、わたくしは悲鳴を上げて泣き崩れました。その日はそのまま看病をしたいと訴えたのですが、許可が下りずわたくしは郊外の別荘に連れて行かれました。翌朝、わたくしたちを迎えに来た車の中で、夫が早朝に亡くなったことを知らされました。

夫の遺体は棺に入れられ、わたくしたちの住んでいたヤソオ宮殿に運ばれました。そこで最後のお別れにやってきた方々を受け入れることになったのです。

日本で出産、その後パリに亡命し、インドネシアを離れていた期間は3年半。久しぶりに我が宮殿に足を踏み入れると、そこは牢獄のように廃れていたのです。あの華やかで美しかったヤソオ宮殿はどこへいったのでしょう――

悲報を聞きつけ押しかけてくる民衆、どさくさに紛れて調度品を持ち帰る者、警備員のいないその場は大混乱でした。

夫の埋葬の後は、40日の儀式までインドネシアに留まりました。わたくしはヤソオ宮殿に入ることは許されず、宮殿にあった夫の遺品、現金は全て没収。わたくしが個人的に収集していた銀器や絵画も没収され、思い出の詰まったたくさんの写真もわたくしの手に返ってくることはありませんでした。

第七章 フランス、再びのインドネシア、そしてNYへ

実業家として

夫の儀式を終えてからフランスに戻り、わたくしはコンサルタントの仕事に就きました。インドネシアで財産を没収されたため、娘を育てるために働き始めたのです。ある海外の新聞には、わたくしがインドネシアから巨大資産を持ち出して逃亡したと書いてありましたが、とんでもない誤解です。わたくしは失敗もしましたが、寝る間も惜しんで働き、娘を育て上げていたのです。

スペイン人銀行家との恋

大統領が亡くなり、がむしゃらにビジネスを学んでいた頃、フランシスコ・パエサというとて

もハンサムなスペイン人の銀行家と恋に落ちました。このときわたくしは30歳。このまま未亡人として一生を送るなんて、そんな寂しいことをするわたくしではありません。

大統領は年も上で、出会ったときにはすでに権力や地位、財力のあった完成度の高かった人。それとは反対に、わたくしと近い年代でこれから一緒に手を取り合って成功を築いていけるような人と恋がしたかったのです。そう思うと、彼ほど最適な男性はいないように思えました。

わたくしは次第に彼との再婚を望み、ウィーンのインペリアル・ホテルで婚約発表を行いました。思い返せば彼との生活がわたくしの人生の中で一番平穏な日々だったのかもしれません。でも、その幸せは長くは続かず、わたくしは再び愛をなくしました。

彼はスイスで銀行を経営していたのですが、当時のスイスはスイス人以外が銀行を設立することは、詐欺罪に当たる時代。彼は法を犯しているという投書が相次ぎ、わたくしはパリに避難したのですが、彼は拘留されました。その後、彼はわたくしの前からわたくしの愛を受ける資格はないと姿を消してしまったのです。

サブラン公爵との恋

スペイン人の銀行家と別れてしばらくたったとき、エリゼ劇場でモナコのグレース公妃主催のバレエ公演にわたくしは招待され、ロイヤルボックスに座っておりました。そのとき、サブラン公爵未亡人からご子息のエルゼアア・ド・サブラン公爵を紹介されたのです。

ロバート・レッドフォードにそっくりの貴公子で独身!!!

彼もわたくしに一目ぼれし、恋に落ちるのに時間はかかりませんでした。でも、パリの社交界というところは、日本人には理解できないような陰湿さのあるところ。東洋人のわたくしが公爵と結婚するなど祝福されるはずもなく、それはひどい妨害にあいました。サブラン公爵の妹君は、オルレアン公爵夫人でした。オルレアン家はフランスが王政復古になれば王の座につけるのです。とはいえ今ではフランスが王政復古になることはありませんが。社交界の中心人物は、お城や大豪邸を持っている裕福な貴族や大富豪。そして、数名の女王蜂のような女性をメインに構成されるのです。年頃の娘を持った社交界の人々はわたくしたちを別れさせることにやっきとなっており、それがわたくしたちにはとても面白かったのです。

わたくしは結婚に必要な高額な持参金を用意できず、祝福を受けない結婚に嫌気がさし7年間の交際を打ち切りました。

10年ぶりにインドネシアの地へ

大統領が亡くなって10年。

パリに亡命後、わたくしが新天地に選んだのは再びインドネシアでした。カリナは大統領の娘、祖国で一度は暮らさせたいし、大統領のほかの子供たちとも仲良くして欲しい。その思いがわたくしをインドネシアに向かわせたのです。10年ぶりのインドネシアに足を踏み入れたときは、心の底からヒヤヒヤしておりました。暴動が起きたら誰が助けてくれるのでしょうか。それでもわたくしの心は、不安より期待で膨らんでいました。

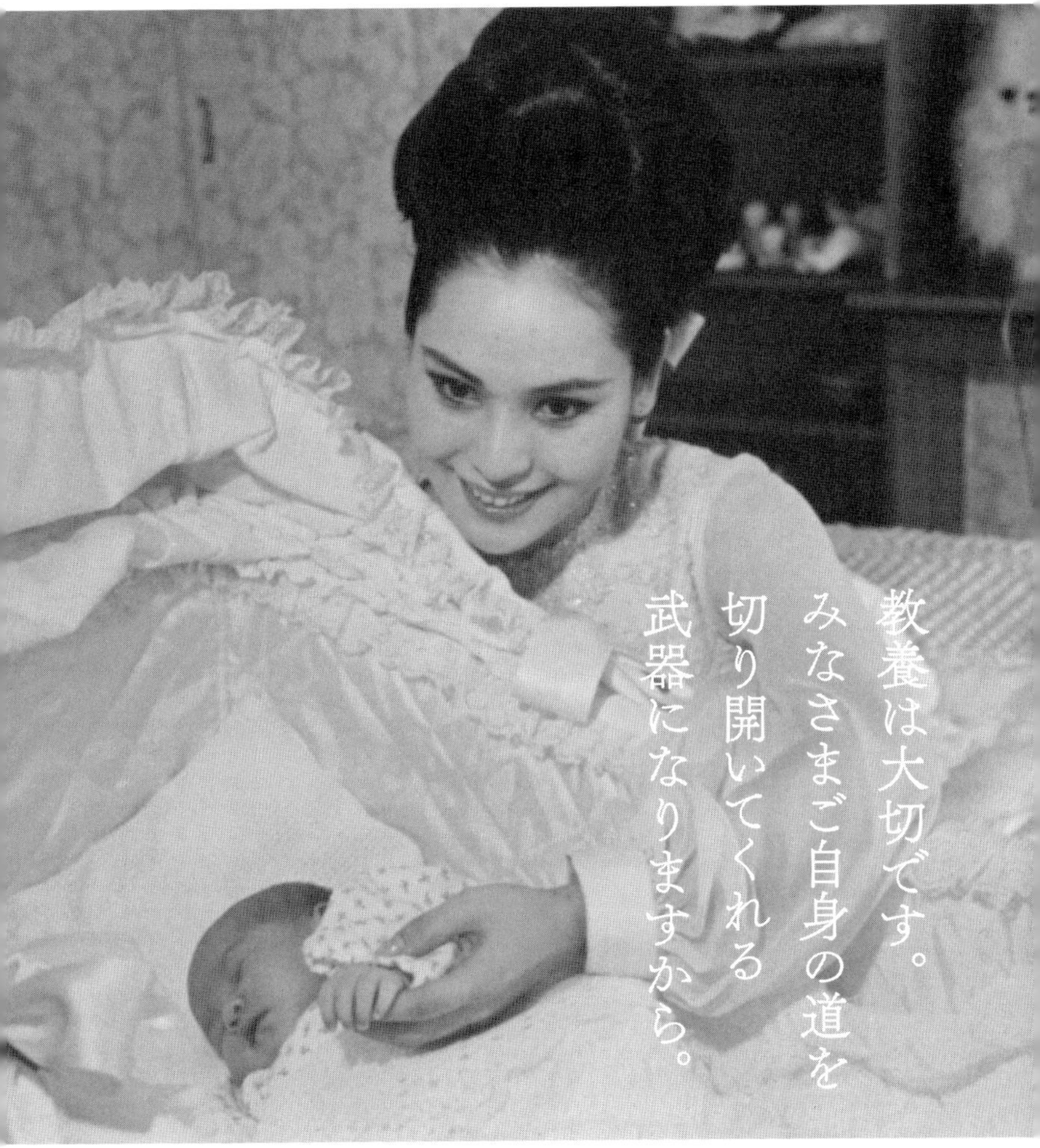

教養は大切です。
みなさまご自身の道を
切り開いてくれる
武器になりますから。

生まれたばかりのカリナと。

実際、心配には及ばず、連日新聞各紙はカリナを連れたわたくしを大きく報じ、若くて美しいわたくしの帰国を熱烈に歓迎してくれました。国民の歓喜が、わたくしをスカルノの妻として、カリナの母としてインドネシアに留まることを決意させました。

パリの社交界でのわたくしの評判は新聞や雑誌で報道され、インドネシアにも伝わっていました。その派手な生活ぶりが人々の誤解を招いたようでしたが、日本での出産からパリでのビジネスの話を伝えると、国民たちは温かく迎え入れてくれたのです。

新政権でのインドネシア

10年ぶりのインドネシアで新しい友人に囲まれ、いっときは楽しく過ごしていましたが、わたくしの夫が大統領であった頃のインドネシアとはやはり別物。新政権が絶頂期を迎える中、前大統領夫人のわたくしは、少し肩身の狭さを感じ始めていました。

そうだ、ボストンに留学しているカリナと落ち合い、ニューヨークで新しい生活を始めるのはどうだろう？　世界は広く、今を我慢する必要なんてわたくしの辞書にはありません。新しい未来に心を躍らせ、わたくしはニューヨークへ飛び立ちました。

予定通りに運ばない現実

カリナの大学卒業を前に、新しい希望と共にニューヨークへ。

娘との生活を夢に見て、わたくしは歯を食いしばって働いたお金でニューヨークの一等地にあるリッツ・タワーの19階を購入したのです。ところがカリナはボストンを気に入り、ボストンに残ることに。その後は日本に行ってオフィスで働きたいのと言うのです。親子での生活を楽しみにしていたのですが、娘の自由な生活を応援するためにも、同居を諦めました。

しばらくしてリッツ・タワーの住まいを売却し、パークアベニューにある指定文化財ビルでもあるランド・マーク・ビルに移りました。今は日本に移り住んでいますが、今もこの高級でステイタスの高いコーポレーションを所有しています。ドアマンが４人、エレベーターマンが３人、管理人に、ハンディマン。彼らの人件費だけでもすごいものです。それを住民の世帯数で割ったとしても大変です。でも、クオリティと治安の良さをお金で買うと思えば、それも安いものなのかもしれません。

22歳年下の彼氏

パリで、とあるプリンセスのパーティーに呼ばれたときのこと。一人のアメリカ人の青年を紹介されたのです。彼の名はアラン・ポラック。

背が高くて彫刻のように美しい顔。パリで一流のモデルとして活躍していた彼は、ある国のプリンセスに紹介されることになっていたのですが、その彼女よりもなんと、わたくしのほうがいいと言い出したのです。

わたくしはそれまで年下の彼氏を作っている人たちを、バカにしていました。〝若い恋人を持つということは年取った証拠よ〟とからかっていたのですが、まさか、それが突然わたくしの身に降りかかってくるなんて誰が想像できたでしょう！

それまでわたくしが付き合ってきたのは、年上で権力、財力、名誉、ステイタスを兼ね備えた男性ばかり。ルックスは最上級でも、知識も教養もないパナマ生まれの青年をいったいどうすればよいのでしょう——そんなわたくしの不安に反して彼との生活はとても楽しく、それから15年も同棲しておりました。

まずは彼を上から下まで一新し、教養を叩きこみ、それはもうわたくしのスパルタ教育を授けました。彼はみるみるうちに洗練されて、ハリウッド・スターにも引けを取らない一流の男性となりました。わたくしは世界中から招待されるパーティーにはアランを同席させ、参列している女性からそれは羨ましがられたものです。

女性は年上の男性から幸せをもらうものとばかり思っていましたが、年下の男性との楽しい生活は意外にも新しい幸せをわたくしにもたらしてくれました。わたくしが若い頃は護衛や給仕の人たちに囲まれ、全く自由がなかったのですが、彼はわたくしをバイクの後ろに乗せてデートをしたり、シャンゼリゼ通りを手をつないで歩いたり。若かりしときに叶わなかった日々を取り戻したかのようで、毎日が新鮮な感動で満ちていました。

第八章　日本での生活

40年ぶりの日本

わたくしが60歳になったのを機に、40年ぶりに日本に移り住むことを決めました。もちろん22歳年下のアランと一緒に。

パリやニューヨークにいた頃、日本の芸能人やマスコミ関係者ともコネクションができていました。政治や社交界の世界にいた者としては、彼らのお話はとても面白いものでした。やがて、2000年頃から日本のテレビ局からお声がかかり、様々なテレビ番組に出演するようになりました。それまでもデヴィ夫人として取材を受けることがありましたが、それからはわたくし自身がタレントとしてテレビに出演することになったのです。

日本のみなさんにとっては、わたくしの歯に衣着せぬ自由で奔放、そして強い意見をズバッと遠慮なく発言する姿が面白かったのかしら。厳しく意見を言ったり、批評するたびに人気を得るようになっていきました。

ある日スポーツ紙を広げたら、タレント・デヴィ夫人と書かれておりショックを受けました。「えっ！　わたくしってタレントなの？　いつから？　タレントと思われているんだ。タレント？　そうなの、ならいっそのことタレントとして余生を全うすればいいんだわ。わたくしは普通の人が経験できない最高の場で最高に美しい人々と最高に優雅な生活を送り、最高のものを見てきたわ。何にも思い残すことはないわ」

それに一番の贅沢は完全に独立していることなのです。

わたくしは精神的にも、経済的にも、物理的にもすべてにおいて独立しています。だから誰かに遠慮して意見を曲げることも、義理も忖度することもありません。思ったこと、感じたことをストレートに発言しているだけ。これを珍しいというのですから、日本のみなさんがどんなに人に気を使っているかが分かります。

この歳になって新しいことにチャレンジするのは、とっても楽しいこと。体当たりのテレビ番組収録でわたくしの身体は生傷が絶えませんが、〝経験〟という素晴らしいギフトがわたくしのエネルギー、原動力になっているのです。

いつ年を取るのか？
それはあなたが挑む気持ちを
なくしたときよ。

バラエティ番組でイルカと一緒に大ジャンプをする夫人。

1959年、インドネシア大統領官邸にて。

第二部

デヴィ夫人の婚活論

男性から
選ばれる女になるために
すべきこと

第一話

日本の女性よ、結婚いたしましょう!

みなさま結婚いたしましょう！

みなさま、ごきげんよう。

デヴィ・スカルノです。

わたくしが生まれたときに両親からもらった名前は根本七保子と申しますが、22歳でインドネシアの初代大統領と結婚し、デヴィ・スカルノとして生きてきました。

正式には、ラトナ・サリ・デヴィ・スカルノ。

この名前はスカルノ大統領と結婚し、インドネシア国籍になったときにいただいたものなのです。サンスクリット語で「宝石の精なる女神」という意味を持っています。

19歳でインドネシアに渡り、国家元首の妻になったわたくしから、声を大にしてみなさまに伝えたいことがあります。

「日本の女性よ、良縁に恵まれてどんどん結婚いたしましょう！」

今は女性の社会進出も進んで、仕事に、趣味にと邁進して、輝いている女性が多くなりました。実際、男の人以上に活躍している女性もいらっしゃいますね！

でも、わたくしの持論としてはこの一言に尽きるのです。

わたくしの知る限り、一度結婚した方って、離婚してもまた結婚するのよ。それも何度も！

なんでだとお思いになりますか？

それは、結婚の味を知っていると〝また結婚したい〟って思うぐらい、結婚って素晴らしいものだからです。だって家でテレビを観ているとき、食事をしているとき、ましてどこかへ出かけるときは、一人よりも二人のほうが楽しいじゃない。一人よりも何倍も楽しいの。

最近は「いい男がいないから結婚しない！」という女性の意見もよく聞きます。いい男なんてそんなにごろごろ転がっているものではありませんもの。だいたい、いい男を探すより、自分との相性のほうが大切なのよ。

人間は孤独に勝てない生き物

これはわたくしが講演のたびに言うお話なのですが、終戦から何十年も経ってから南の島で残留日本兵が見つかりましたよね。すると発見された残留日本兵は必ず一緒に過ごしていた人がいました。水道も電気もガスもテレビもないジャングルでも、二人でいれば何十年も生活できるんですよ。話し相手がいれば、一緒に時間を共有する人がいれば、どんな過酷な状況でも生き延びることができるのよ。人間は孤独には勝てないのです。

良縁を得るためにはほんの少し、努力とテクニックが必要かもしれません。

ここからはわたくし、みなさまへ〝結婚〟のヒントになるようなお話をしていきますね。

みなさまが少しでも積極的に婚活し、ステキな男性の人生の伴侶に選ばれるべく、わたくしの人生経験を少しでもお役に立てていただけたら、これ以上嬉しいことはありません。

生まれたばかりの娘・カリナと。

第二話

大富豪を射止めるのは普通の女

選ばれる女になるためには

さっそく「選ばれる女」になるべくお話をしていきますね。

では、まず男性の心を射止める方法から入りましょうか。

この本を読んでいる方の中にも、〝大富豪と結婚したい〟なんて秘かに野望をいだいている人がいらっしゃるんじゃないかしら。

世界的な大富豪は地位も名誉も資産もあるから、どんな美女でも選び放題ですよね。

でも大富豪の奥様たちは、実は〝普通の女〟だっていうことをご存知かしら？

大富豪の妻たちって、たいていは特別な美人じゃないのよ！

お顔もスタイルも、どう見ても一般的な〝普通の女〟なの。

だからみなさまにもチャンスが巡ってくる可能性はゼロではないのよ。

そうそう、わたくしが知っている世界的企業の社長さんは、みんな〝普通の女〟と結婚しているの。

石油系大企業Ｐ・Ｓの社長。

資源系大会社Ｐ・Ａの社長。

コスメ企業Ｅ・Ｌの社長。

それに、アメリカの超有名食品会社Ｋの社長。

普通に考えたら、彼らの心を射止めた女性の職業は、〝有名モデル〟や〝大女優〟だと思うじゃない。でも、この社長たち全員、〝普通の女〟と結婚しているのよ！

男性は弱ったときに優しい女が天使に見える

男性って身体が弱っているときに、自分に優しくしてくれる人が〝天使〟に見えちゃうみたい。なぜだかわからないけどそう感じる生き物なのよ、男性って。

特に自分が病気になってベッドに寝ているときに、一番親切にしてくれた人。

あとは頻繁にお見舞いに来た人に心を惹かれちゃうみたいね。

アメリカの超有名食品会社Kの社長なんて、たくさんの美女のガールフレンドを抱えていたのよ。でも、病気になって入院したときに本当に優しくしてくれた看護師を結婚相手に選んだの。どんなにスタイル抜群な美女よりも、一生一緒にいたいと思うのは自分に親身になってくれる女性なのね。

そうそう、ニューヨーク郊外のカジノのオーナーは、ネイリストと結婚したし、世界的な美容関係企業Jの社長は、美人な妻がいたのに離婚してまで自分の家で働いていたハウスキーパーさんと再婚したのよ。

石油系企業P・Sの社長、アメリカの有名俳優Aの奥様もそういえば〝看護師〟だったわ。

いつも精力的に働いている男性に限って、身体が悪くなると人の何倍も気持ちが落ち込んでしまうのです。だから心を込めて介抱してくれる人に対して、『自分にはこの人しかいない』っていう気持ちになっちゃうのね。

わたくしの知り合いの富豪の妻

日本人でもすごいお金持ちの男性と結婚したお友達がいるの。

そのお友達と旦那さんが電話で話しているのが聞こえてきたんだけど、

「もうご飯食べましたか～？」

「おいしかった？」

「お菓子ばかり食べちゃダメですよ」

「おかずは○○にしておきましたよ～」

って、小さな子供と話しているのかしらって思っちゃったぐらい（笑）。それだけ旦那さんに対して優しい口調で甘やかしているの。

だから冗談で「あなたってジジ殺しね」って言って談笑しているのです。

男性は女性から優しくされたいの。それに幾つになっても甘えていたいものなのよ。

だから優しく甘えさせてあげて、王様になった気分にさせてあげるのが一番でございます。

男は弱ったときが狙い目！

そう考えたら、『男性は弱ったときが狙い目』っていうことかしら。

病気にならなくても……仕事がうまくいっていないとき、気持ちが落ち込んでいるとき、大きな仕事のプレッシャーに潰されそうになったとき。

社会に出て働いている男性って、結構いろんな場面でダメージを受けることがたくさんあるのです。

そんなとき、「どんなことがあっても私はずっとあなたに寄り添っているわ」と傍で言って差し上げなさい。

男ってそういうのに参ってしまうのよ。

男性にたくさん甘えさせて優しくして差し上げれば、あなたが結婚相手に選ばれる確率もぐんぐん上がってくるんじゃないかしら。

お芝居でもいいのよ！

『弱った男性には優しく』

これは狙っている男性を落とす一番有効なテクニックだとわたくしは確信しております。みなさまも〝いざ〟というチャンスが訪れたら実践されてみたらいかがかしら。

男性が仕事のプレッシャーに
潰されそうになったら、
「どんなことがあっても
私はずっとあなたに
寄り添っているわ」
と言って差し上げなさい。

1964年、スカルノ大統領から贈られたヤソオ宮殿にて。

第三話

ハイスペック男から
プロポーズされ続ける人生

男から選ばれる女

わたくしはたくさんの方から「どうして夫人は、いつもハイスペックの人とばかり付き合っているのですか？」とよく質問をされております。

まず、みなさまにお伝えしたいのは、『自分が選んだ男の人は大抵間違い』だということです。

だから、女性のみなさまは自分から男の人を選んではいけません。

では、どうやって結婚をするのかと申しますと『男性から選ばれる』のです。

女性の場合は一般的に、ご自分が男性を選んでしまうと、ご自分のルールに沿った〝幸せの形〟に当てはめてしまうのです。だから、一緒にいるうちにちょっとでもイメージと違うことが起こったとき、〝自分の幸せの形はこれじゃない〟って簡単に気持ちが壊れてしまうのです。

そういうことを繰り返していくうちに、まあ、別れや離婚を選ぶことになるのでしょうね。

みなさまはおわかり？　大切なことだからもう少しわかりやすく説明いたしますと、女性のほうが素敵な男性を見つけ追いかけてしまうと、そのイメージに恋をしてしまい、その男性そのものに『恋』をしていない可能性があるのですよ。

だから恋愛が進んでいき結婚したとたん「あら、こういう人だったの？　ちょっと違うわ」ということになるのです。

だからこそ、男性から、

「選ばれる女」「求められる女」

になる必要があるのでございます。

男性があなたのことを好きで求めている。

男性があなたのことを欲している。

男性があなたと結婚したいと思っている。

選ばれ求められるには男性から追いかけられなくてはいけません。

主導権争いは〝恋が始まる前〟に決まる!

選ばれる女になれば、求められて結婚するから、イニシアチブはあなたにあるのよ!

男の人があなたについてくるの。男の人があなたに尽くしてくれるの。

『どちらが主導権を握れるか』

恋の主導権を握れるか否かで、恋愛や結婚の明暗がはっきりと分かれるわ。

そもそも主導的な立場でない恋だったら、結婚しても幸せになれないかも?

あら? わたくし? わたくしは自分に主導権のない恋は一度も経験がございません。

わたくしは選ばれ放題。

求婚され放題。

そんな人生でございます。

インドネシアのスカルノ大統領とは、わたくしは選ばれ結婚しましたし、大統領との恋の前はアメリカの大富豪から二人、それにフィリピンの大富豪からもプロポーズを受けていました。せっかく女性に生まれてきたのだから、男性から求められる人生のほうが楽しいじゃありませんか。みなさんもそうお思いでしょ？

恋が始まる前がとにかく大事！

じゃあ、どうやって〝選ばれる女〟になるかというと、〝恋が始まる前〟がとにかく大事！

もし、あなたに〝好き〟と思える男性がいたとするじゃない。

でも、あなたがその男性を〝好き〟だっていうことは絶対に感じさせてはダメよ。

最初から〝あなたが好き〟という態度を見せちゃうと、男ってつけ上がっちゃうのよ！

「何をしてもこいつは俺についてくる」って勘違いしちゃうのよ、男性って。

そんなんじゃ、あなたが大切にしてもらえないじゃない。

これから婚活をするうえで一番大切なポイントは、

「男性から選ばれる女になること」。

何度もこの言葉を繰り返しましたが、今後あなたが幸せな結婚生活を送れるかどうかを左右する最も大切なことなのです。

婚活を始める前にあなたの心にこの言葉を刻んでくださいね。

第四話

付き合って2ヵ月で結婚は決まる

たった2ヵ月で結婚は決まる！

「付き合って2年以内に結婚したい」なんていう女性の願望を耳にしますが、わたくしに言わせれば、そんなの長すぎるわよ！　結婚なんて付き合って2ヵ月で決まるものでございます。

それには2ヵ月間でどれだけデートを重ねることができるかが重要！

『自分にどうやって気を向かせるか』

そのために一緒にお食事に行くのもいいわね。映画を見に行くのもいいし、お買い物を一緒にしてもいい。とにかく彼とあなたで〝楽しい時間〟をたくさん作るのよ！

二人で楽しい時間を一緒に作ることができないんだったら、もうその恋は諦めておしまいなさい。

デートの別れ際、

「ああ、もっと一緒にいたかったな」

「時間がたつのが早いな。次はいつ会えるのかな」

相手にこう思わせるためにも、愛情は小出しに表現するべきよね。

だって一度に愛情を出してしまったら、次のデートで何を出すのかしら？

一度に愛情を出しちゃう女性に限って、ご自分の体を差し出すのも早いのよね。

肉体関係はできる限り延ばすものよ。

『会ったその日に』なんていう人もいらっしゃるようですが、絶対にダメよ！

もうそれはただの〝Sex〟であって〝Make Love〟ではございません。

それに簡単にあなたの体を手にしてしまった男性が、生涯をかけてあなたのことを大切にしてくれるわけないじゃない。会ったその日にあなたの体を求めてくるのは、あなたを敬ってない証拠。そんな男性には「風俗にでも行ってらっしゃい」って言っておやりなさい。

すぐに体を差し出すのではなく、あなたが提供するべきは、『時がたつのを忘れるほどの楽しい時間』。

デートのときは会話が弾むに越したことはありません。

そのためにも〝この人はどんなことを欲しているか〟を探しながらデートを重ねることね。

だから女性も賢くならないと！

どんなに美人だって、おもしろくなかったらすぐに飽きられてしまうものですよ。

ご自分のお顔に少しぐらい自信がなくたって、彼と楽しい時間を過ごすことができれば結婚のチャンスが確実に巡ってくるものよ。

男性をおだてて王様の気分にさせる

まず初めのうちはその男性がどういう人かわからないから、とにかくおだててあげることから始めてみてはいかがかしら。その人を王様の気分にしてあげるのよ。

あなたとの時間を、彼にとって〝楽しい時間〟と思わせたと思ったら、

「あっ、もうこんな時間。私帰らなきゃ！」って言って帰ってくるのよ！

いくらあなたももっと彼と一緒にいたいと思っても、初回は男性に〝もっと一緒にいたかった〟と思わせることのほうを優先させましょう。名残おしいぐらいでデートを終わりにすると、男性は〝次はいつ会えるのかな？〟とあなたのことを考えるようになるのよ。

『楽しませて、褒めて、追いかけさせる』

恋愛の初期段階でこれができれば、あなただって2ヵ月で結婚することができますのよ。

『鉄』も『恋』も熱いうちに打て！

そしてデートを重ねるうちにあなたの新鮮な部分を小出しにするのよ。そうしたら、普通の男性だったら2ヵ月で、

『この人と一緒になりたいな』

『この女となら一緒にやっていける』という思いが芽生えてくるものよ。

長くお付き合いをしていても結婚の話が出ないのって、女性のほうがイニシアチブを握れていない証じゃないかしら。

恋愛の世界では主導権を握った女が愛されるのよ。だからこそ、恋は初めが肝心！

『鉄は熱いうちに打て』こんなことわざもありますでしょ。とにかく恋は初めが大切。

初めさえうまくいけば、彼から大切にされて『選ばれる女』になれるのだから。

第五話

なぜわたくしは選ばれたのか？

大統領がわたくしを選んだ理由

わたくしはスカルノ大統領から、わずか2週間でプロポーズされました。

みなさまは、なぜわたくしが大統領から選ばれたとお思い？　19歳の時のわたくしは、自分の容姿の美しさを自負しておりました。

よく「美人だったから大統領に選ばれたのではないか？」ということを言われますが、理由はそれだけではありません。

当時のわたくしが他の人と違っていたところと申しますと……人並み外れた上昇志向、そして当時の日本女性には珍しく語学力がすぐれ、社交性に富んでいたことです。

そして、未知の世界への希望と勇気を持ち合わせておりました。

貧しかった幼少時代

第一章でも書きましたが、わたくしは幼いころ非常に貧しい家庭で育ったので、小学校に上がるときにはセーラー服を買ってもらえなかったのです。母が父のマントをほぐし、白いテープを買ってきてセーラー服を作ってくれました。

戦時中はみそ汁に入れる具がなくて、わたくしが汽車の線路沿いに生えているセリなどを摘み、入れて食べていたこともありました。わたくしが子供ながらに傷ついたことと言えば、学校でお金持ちの同級生とわたくしへの、先生の態度が違うこと。お金持ちの同級生は必ず学芸会に出してもらえるのだけど、うちは家が貧乏だったので出してもらえませんでした。

小さい頃から世の中は不公平、不条理なことでいっぱいだと怒りを感じていたのです。

社会正義のために戦わなくては。

だからこそ、わたくしは勉強をしたの。教養を身につければ人の上に立てると信じて。

そのためには、むさぼるように本を読みあさっていました。

スタンダールの『赤と黒』を読んではレナール夫人に、バルザックの『谷間の百合』を読んではアンリエット・モルソーフ夫人になりきっていたし、トルストイの『戦争と平和』ではナターシャになりきって。

その甲斐あって、中学では廊下に成績が張り出されるのですが、わたくしはいつもトップクラス。特に歴史と英語は3年間ずっとクラスで一番でした。

当時は先生も学友もわたくしが高校へ進学するものだと思っていたようですが、わたくしは何の迷いもなく就職を選びました。

ある日、早めに学校から戻ってくると、学友のお母さんが家に来てお金の返済を迫っているのを見てしまったのです。母は必死に謝り少しでも返済を待ってもらえるようにお願いしていました。どうやらわたくしの学費が払えず、学友のお母さんからお金を借りていたようです。

母にそんな思いをさせてまで、学校に行かなくてもいい。少しでも早く自分の手で収入を得て母を助けたい。この強い気持ちから、就職を決めたのです。

赤坂のサパークラブで働くことにしたのも、母を助け、弟を大学に入れてあげたかったためでございます。そのころは女優の下積みをしていたので、色々なお稽古事に大変なお金がかかっておりました。働きながらも、なんとか日舞は舞台に出られるまでに上達して、初舞台は三越劇場に出演。華道は草月流、茶道は裏千家に、英語力を伸ばすために世界のペンフレンド・クラブに入り生きた英語を身につけました。

毎朝、新聞は隅まで目を通し、サパークラブでは海外のエグゼクティブな方と政治や経済の話を英語で会話。学業と仕事と習い事。毎日とても忙しく過ごしておりましたが、何かを身につけるほどに自分が強くなっているようにも思え、スポンジが水を吸うように吸収し、夢中になっていました。

チャンスが巡ってきたら必ず摑むこと

生まれた家はとても貧しかったけど、わたくしにはまったく不幸という感覚はありませんでした。これは見栄や強がりではなくて、教養を身につけるほど、自分の人生が希望に満ち溢れていくのを感じていました。

〝わたくしはこんな人生を送りたい〟

なりたい自分のヴィジョンを思い描き、それに向かって着実に歩み進んでいく。

何かを身につけるたびに、何かに気が付くたびに、何かを知るたびに未知の世界の扉が開けるようで、常にワクワクしていたのを覚えております。

「世の中が悪い」「自分は不運だ」なんて逆恨みをするのではなく、どんな境遇で生まれたとし

チャンスが巡ってきたら
必ず掴むこと。

伝説のヘアスタイリスト信竜淳二先生のモデルをしていた夫人。

ても、自力で勉強して這い上がり立派に暮らしている人はたくさんいらっしゃいます。

もし、自分を不幸だと思うなら、さらに不幸な人を思いなさい。

そして不幸を抜け出す努力をするのです。

「高年収なイケメンと結婚して玉の輿に乗りたい！」

こんなことをおっしゃる方がいらっしゃいます。お相手を高望みすることは構いませんよ。

でも〝あなたはそんな素敵な男性に見初められるようにどんな努力をなさっているのかしら？〟

わたくしはこう問いたいのです。

まずは、自分の境遇を受け入れ、自分を高める努力をする。

わたくしは常に上昇志向を持ち希望を思い描いていたからこそ、インドネシアの大統領に出会うチャンスが訪れたときに臆することなく会話を楽しむことができたのだと思います。

女性ですから〝美〟はもちろん大切です。でも、教養や知識を蓄えて自分を高めることができていたら、巡ってきたチャンスを逃すことなく実を結ぶことも増えるのではないかしら。

まずは、自分を高めること。素敵な男性と出会える場所に積極的に行くこと。

そして、自分にチャンスが巡ってきたら必ず摑むこと。

この3つのポイントを常に意識していたら、理想を超える男性とのロマンスも夢じゃないわ。

婚活と同時に自分を高めることをお忘れなく。

第六話

モテるのは美人より女っぽい女

美貌より大切なのは〝女性らしさ〟

婚活中の女性の中に「私なんて美人じゃないから」なんて嘆いている人はいないかしら？

美人か美人じゃないか。そんなことで男性は〝一生連れ添おう〟〝一生大切にしよう〟という女性を選ぶことはありません。

今までのわたくしの経験から、これは断言できます。

美しさよりも大切なのは『女らしさ』。

どこかに『女らしさ』のある女性は、絶対にモテます！

男性は女性に『女らしさ』を感じていたいの。

だから、メイクやファッション、そしてヘアスタイルも、婚活のためには『女っぽさ』が大切。そのポイントさえ押さえておけば、もう悩むことはございません。

男が引く〝女の強さ〟

これだけは男性に見せてはいけない女性の部分があることをご存知かしら？

それは〝女の強さ〟です。

「この人のことを守ってあげたい」そう男性に思わせることが何よりも大切。

だから男性の前では、多少、弱々しい女性を演じてみるのが良いわね。

わたくしなんてパリの社交界では、〝デヴィは触れたら壊れてしまう〟、こう思われていたぐらいでございました。当時のみなさまがわたくしが出演するバラエティ番組をご覧になったら、さぞかし驚かれることでしょうね（笑）。

不思議と男性って〝女の強さ〟を見た瞬間、他の弱い女性のところへ行ってしまうものなの。仕事でがむしゃらに働いているところを見せてしまう。

〝収入があるから私は何でも買えるわ〟〝時間は全部自分のものよ〟

こんな部分を男性が見たら、「この女は自分なしでも生きていける」と引いてしまうのよ。だから、経済的にも精神的にも独立しているキャリアウーマンは危ないわね。

それに独身が長い女性って、何でも自分でこなしてしまうじゃない。

もちろん女性がバリバリ働くことは素敵なことよ。でも、どんなに自立しているとしても、男性の前では〝可愛い女〟を積極的に見せる努力が必要ね。

例えば、男性と二人で食事に行くとするじゃない。

メニューを決めたら「私は○○にするわ」って彼に言うの。決して自分でウエイターに手を上げてオーダーしたり、自分から直接メニューを伝えたりしてはダメ！　男性にメニューを伝えて、男性にオーダーをさせるのよ。

小さいことだとお思いかもしれないけど、男性はこういう部分に敏感なの。

とにかく一緒にいるときは、男性を立ててあげることが大切！

〝男性を王様の気分にして差し上げる〟。この気持ちを心に留めておくことね。

俺がいないとダメなんだ

男性と一緒にいるときに「ああ、この子は俺がいないとダメなんだ」って思わせることができたら、たとえ経済的に独立していようがこっちのモノ。

あとは、キャリアや知識のある女性は、ちょっと実践するのに抵抗があるかもしれませんが、何でも分かっていても、男性の前では知らないフリをするものよ。

「これってどうやるのかしら？」

「あなたが教えてくれるまで知らなかったわ」

分かっていても、あえて男性に聞いて説明させてみるの。

〝こんな事とっくに知っているわ〟

こう心の中で呟いてもよろしいんじゃない（笑）。

男性はあなたに自分の知識を教えたことで、機嫌が良くなる。

こういう小さいことを積み重ねていくことが、何よりも大切なのでございます。

バカバカしいなんて思った人はいらっしゃるかしら？

あら、こんなことは選ばれる女は真剣にみなさんやっていることですわ。

わたくしぐらいのレベルになると、相手の男性がどんなに得意げに説明するのかしら？　なんて思いながら楽しんでやっておりますわ。

これから婚活をなさるみなさまには本気で取り組んでいただかないとね。

何度もお伝えしていますように、あなたが男性を選ぶのではないのですよ。

あなたが男性から選ばれるのです。

そのためには……

『どうしたら男性から選ばれるのか』

常にこの視点で男性に接するクセをつけるのがよろしいんじゃないかしら。

女性に生まれたからには、男性に選ばれないと。

永遠に選ばれ続ける人生のほうが得だと思いませんか?

だって、そのほうが絶対に毎日が楽しいのですから。

特に美貌にあぐらをかいている女性は危険ですよ!

若さと美貌は歳を取ったら、あなたから無くなり去ってしまいますが、そのかわり、歳を重ねても知性や女っぽさはあなたから逃げません。


男性の前では常に〝可愛げのある女〟でいること。


このことをしっかり理解していれば、あなたは生涯男性から大切にしてもらえるわ。

みなさま、これからの人生でとても大切なことだから、しっかりと覚えておいてくださいね!

1959年、大統領に送った写真。

第七話

男は浮気をする生き物

どんな男も浮気をします！

まず、これだけは断言できるのは、「どんな男性も浮気をなさいます」。

どんなに愛する美しい女性がいても、どんな才女を奥様になさって尽くされていても、男性は『浮気』というミステイクを犯すもの。浮気は男である証なのです。

家であなたと一緒に過ごすときはあなたの夫だけど、一歩家を出たら、ただの〝男〟です。

大統領の浮気

実はわたくしも大統領に浮気をされていた経験がございますの。「おまえを愛しているよ」と毎時間、毎分、毎秒ごとに言われ続けておりました。だからわたくしは彼のすべての時間、一秒たりとも例外なく大統領に心の奥底から愛されつづけていると思っておりました。

ウワサで〝他に女性がいるみたい〟という類いのことを聞いたことはあったのですが、全く相手にしないぐらい彼を信じきっていました。

彼の浮気を知ったのは、お産のため日本に帰ってきていたとき、写真入りで掲載された週刊誌ででした。耳から入る情報と違い、目で見てしまうと現実を受けとめざるを得ませんよね。

ショックという言葉ではとても言い表せないほど、わたくしの心はえぐられました。

わたくしの世界中の友人の例をみても、男はかなりの確率で浮気をしています。

『彼は浮気をしない』と思っているから傷つくのでしょ。だったら初めから、『男は浮気をする生き物』としてお考えになったほうが賢明ではないでしょうか。

許せる浮気・許せない浮気

みなさま、ご存知かしら？　男の浮気って2パターンございますの。

『許せる浮気』と『許せない浮気』のふたつ。

肉体だけの関係を1～2回というのは、気付かなかったことにして、見逃して差し上げるのがよろしいのではないかしら。

心が伴っていないセックス。ただの排泄行為と思えばいいのよ。

でも、許せないのは夫が他の女性に心を移し関係を続けている場合。

これは、すでに単なる浮気ではなく『情事』です。

みなさまはご自分の夫、または彼氏が他の女性に本気になっているのを知ってしまったらどうされます？

男の浮気で捨てられる女

あなたは浮気をしている男性に対して、

「他の女性と浮気しているのね!!!」と問いつめますか？

そんなあなたは間違いなく捨てられますよ！

男に浮気を問いつめ、その男が浮気を認めても、きっとその男を愛しているあなたは彼を失いたくないため、許してしまうでしょうね。

一度でも浮気を許したら、その男はまた浮気をします！

その場でどんなに謝罪して「もう浮気はしない」と誓ったとしても、必ず浮気をするわ。

男が浮気をして、女が許す。

こうなってしまったら、ふたりの関係性が変わってしまうのよ。

浮気をしても許されることを知った男は、さらにいい気になる。

事実を問いただすことで、ご自分自身で立場を下げてしまうのよ。

賢い女はそんなことは絶対にしませんの。

男の浮気に気付いてしまっても、知らんぷりするのよ。その男を愛していて、その男に戻ってきて欲しいと思っているならやることはひとつ。見て見ぬふりよ！

あなたに浮気を隠しているのは〝知られたくないから〟。

もっと言えば〝あなたを失いたくないから隠している〟。そうお思いになりませんか？

堂々と浮気をするようになったら、もうその関係は終わりね。

わたくしの知っている方で、探偵を雇い夫に浮気の証拠を叩きつけて問いつめた方がいたの。

男ってプライドが高いから、ご自分のしたことを棚に上げて、自分を信用せず探偵までつけたことに立腹して「じゃあ離婚だ！」って。

夫が浮気を隠れてするのは、奥様を大切に思ってのこと。ただの遊び。

奥様を失いたくないから隠れて浮気をして、平常の生活は守りたいのよ。

1967年、生後間もないカリナと等々力の自宅で。

男が浮気をしても、
賢い女はみんな見て見ぬふり。

だから、証拠を出されて責められたら男は逃げ場をなくして怒るのよ。

その女性はジェラシーのあまり夫を責めて追い詰めてしまい、結局は心から愛した男を失うことになってしまったの。

浮気が許せずその男を失ってもよい覚悟があるなら、存分に戦って見切りをつけたらいいわ。


でも、あなたにその男への『愛』があるなら、そして、絶対に失いたくないと思うなら、それは試練と思って黙って耐えるの。

賢い女はみんな、見て見ぬふり。なお夫に優しくして、そしてご自分を美しく磨くの。

男のほうも〝女のプライド〟が傷つかないように浮気してもらいたいものよね。

浮気するなら絶対に女性に気付かれないようにするのがマナーじゃないかしら。

浮気相手と完全に二人だけの問題として秘密を守り切れるなら、罪にはならないわ。


でも、最近は浮気相手の女性が暴露することが多いじゃありませんか。

最低ですね、女の風上にもおけない。

浮気をして奥様や恋人を傷つけたら、その代償は払うべきですね。

みなさまもお気をつけあそばせ。

第八話

結婚生活で一番大切なこと

尊敬・信頼・思いやり

結婚生活で一番大切なことは『尊敬』と『信頼』と『思いやり』です。これが真の愛情です。

結婚した男性を敬い信じる、そして思いやる。

これさえできれば、あなたの結婚生活は例外なくうまくいきます。

浮気だって『尊敬』『信頼』『思いやり』この3つさえあれば、何の問題もございません。

もし夫の浮気に気付いてしまったら

たとえ夫の浮気に気がついてしまったとしても、『私の所が一番居心地が良いはず』と自信をお持ちなさい。夫を信頼することで、結局はあなたが得をするのです。

堂々と浮気をされるようになったら話は別ですよ。でも、コソコソとあなたにバレないように悪事を働いているとしたらいいじゃありませんか。あなたは妻なのです。

『見ぬふり』をして、ドンと構えていらっしゃったらよろしいんじゃないかしら。

夫のすべてを疑って常に目を光らせていては、その雰囲気は必ず相手への態度に出ます。

そんなことより、その情熱は自分を高めることに注いだほうが幸せですよね。

責められると男は逃げたくなる

浮気を責められて逃げ場を失った男は、あなたの前からいなくなります！

愛していて失いたくないなら、彼を信じること。そして一緒にいるときは敬うの。『信頼』って不思議なものなのよ。

見えない手綱みたいなもので、心から信じると男性に絡みついて、妻の範疇《はんちゅう》でしか行動できなくなるのよ。ウソだと思うなら試してみてはいかが？　どんな束縛よりも効果があるわ。

それでも〝男の浮気〟が気になるなら、こう言っておやりなさい。

「○○さんの旦那さん、浮気しているみたい。あなたはどう思う？　男の浮気のこと」って。

悪趣味かもしれないけど本当に浮気している男は、こんなこと言われたらドキッとして軽率な行動は控えるようになりますわ。

結婚しても緊張感のあるフランス人

日本の夫婦って、結婚したとたんに安心し油断してお互いに何でも見せ合ってしまうのよね。気持ちが緩んでしまうのかしら？

フランスで日本の夫婦のことを話したら、みんなから「信じられない」と言われます。

フランスでは夫婦は結婚してからのほうが緊張感を持つの。

自分の妻であっても、誰に寝取られるかわからない。自分の夫が他の女の所へ行かないように。フランスでは一番気を遣わなければならない相手は、夫であり妻なのです。

だから、真っ裸で家の中を歩くことは絶対にしないわ。

妻が夫の前でおしゃれやメイクをしなくなってしまったり、夫が釣った魚に餌をやらなくなったり。

どんなに長く連れ添ったとしても、それは絶対にダメよ。

夫婦になってもお互いを尊敬し、真剣に見つめ合うの。

いつまでも新鮮で、お互いにアトラクティブでありたい。

お互いを敬っているから、相手の前でゲップなんて絶対にいたしません！

もうそれはおならと同じぐらい品のないことなのですから。フランスでそんなことをしたら、みんな平謝りしますよ。

自分のマイナス点は相手に悟られないこと、見せないこと、慣れさせないこと。これが大事です。日本の方もフランス人のこういう習慣は見習うべきよね。


結婚し、籍を入れた途端に安心し油断して、相手が誰かに取られそうになったら、責めて追い詰める。

これでは結婚生活はうまくいきませんよね。

好きになり選ばれて結婚した相手。

疑うよりも尊敬し信頼して思いやりをもって添い遂げる。

これこそが美しい夫婦の姿ではないでしょうか。

第九話

いい男のいる場所へ

ご自分の人生を開拓なさい

わたくしは365日、常に〝いい男〟に囲まれ楽しく過ごしております。

先日もイタリア人が主催するパーティーに参加しておりましたが、まあ、日本の若い女性も大勢お見えになっていましたよ。

エグゼクティブな外国人もたくさんいらしていたから、ああいう場に出向いて積極的に選ばれる努力をなさっている女性は、美人じゃなくても早く結婚していくわね、きっと。

女子会なんていい加減におしまいにして、積極的に〝いい男〟が集まる場へ出向かれたほうがよろしいんじゃないかしら。

女子会は結婚してからでもいいじゃありませんか。未婚のうちはお預けになさい。

いまなんて、ワイン会、街コンなど、様々なパーティーがネットでアナウンスされているわ。

ひとりで参加したっていいじゃない。世の中には逆に結婚したい男性も多くいるはず。

ご自分の人生は勇気を出して開拓するものでございますから。

積極性を出した人から、ステキな人と結婚していくのを何度も目にしております。

1枚の名刺は100人の〝いい男〟への道

出会いの場で「ステキな人♡」と思ったら、積極的に話しかけるのよ！

名刺をもらって、女性が積極的に電話番号やＬＩＮＥを交換するぐらいいいんじゃないかしら。

ご自分が気になった男性のほうから声をかけてくれたら嬉しいけど、そんなにうまくいくことは難しいじゃありませんか。だからこそ、きっかけを作るために自分から話しかけるのよ。

〝この人は自分に興味があるんだ〟こう思われてもよろしいじゃない。

男性だってよっぽどでない限り女性から好意を持たれて気を悪くするはずないわ。

ただし、既婚者に手を出すのはやめましょうね！　だって、人のモノを奪ってしまうと、後から何倍にもなってバツが返ってくるものだから。

連絡先を交換してから男性がアプローチしてくれたらいいけど……1週間待っても音沙汰がないようなら、あきらめる前に自分から連絡してみるのもいいわね。

男の人でも奥手だったり、自信がない人もいるのよ。

そうやってアクションを起こした人とお付き合いまでの発展はなかったとしても、その1枚の名刺が100人の有力な男性につながる可能性もあるの。

「あれ？　なんだかちょっと違うな」と思っても、その男性のお友達が運命の人かもしれない。

人生なんていつ何があるかわからないものだから。

「出会いがない」「いい男がいない」なんて嘆くのではなく、女の人生は自分で開拓するの！

そして耕すものなのよ！

女性から男性を誘うには

はじめから1対1のデートって、ちょっと男性が構えちゃうかしら。

だったら、女友達と二人で「今日は私たち○○にいるので、よかったら来ませんか？」

こう誘ってみると相手も気軽に会おうとしてくれるんじゃないかしら。きっと仲の良い男性のお友達を誘ってあなたに会いに来てくれるわ。

ほら、ちょっと工夫してアクションを起こしてみるだけで、女子会をやるよりもずっと希望の将来に近づいていると思いませんか？

こうやって場数を踏むほどに、運命の相手と出会ったときに楽しい会話ができるようになっているものですから。

趣味は最高の出会いの場

パーティーや飲み会以外にも、趣味も出会いにはとても良いのでございます。

わたくしの友人のNさんなんて、趣味でダンス教室に通っていたの。

ある日ダンス教室のサルサ・パーティーに参加したら、海外から来ていた超有名企業の社長さんと出会って見初められて結婚したのよ。

タンゴやサルサのようなダンス教室は外国人も多いし、イベントもたくさんあるの。

踊るときにいろんな男性とペアを組むから、自然にスキンシップできますわ。

だから、勇気がなくてパーティーに行けないなら、ダンス教室はオススメよ。

あとは音楽会や美術館、気になる人の講演会もいいわね。

芸術など趣味の場は、趣味が合う人に会える確率が高いのよ。

ワイン会などは、ポジションが高く収入の多い人が来そうね。

共通の趣味があると、会話も弾んで楽しい時間を過ごしやすいでしょ。

ワイン会ではわたくしの友人で二人の子を持つ女性が、アメリカの大会社の社長の心を射止めています。もちろん、この女性はお綺麗で、かつ教養があり聡明な方でしたが。

そうそう、わたくしの娘のカリナも旦那さんとはニューヨークの近代美術館で出会ったのよ。チケットを購入するときに長い行列に並んでいたら、その彼が後ろに並んでいて話しかけられたそう。

そう思うと、毎日の生活の中にいろんなチャンスが潜んでいると思わない？

家と会社の往復ばかりじゃ〝いい男〟に出会える確率は低いわね。

趣味やレッスンであなたの教養を高めながら、ステキな男性に出会えたら一石二鳥。

どんどん積極的に行動しなくっちゃね。

やっぱりドアはノックしないと開かないのよ！

ドアの前でいつまで待っていても、何も変わらないわ。

自分からノックして、勇気を出して開けると、新しい人生も開けるものね。

初対面の場で相手が既婚者かを見分けるテク

ひとつ、出会いの場でこれだけは注意して欲しいことがあるの。

あなたが〝ステキ〟ってときめいた男性は、もしかしたらすでに結婚しているかもしれないわ。

既婚者を本気で好きになってしまったら、いろいろと問題がございますでしょう。

「今日はお一人？　奥様はおうちですか？」

こう自然に話しかけてごらんなさい。

「僕、独身です」って言われたら積極的にアプローチできるし、既婚者だとわかったら気持ちをセーブするから傷つかない。

でも、独身でも〝彼女〟がいるかどうかは聞けないわよね。

もし誠実な男性だったら「僕は今付き合っている女性がいます」って言ってくれるわ。

まあ、そのあたりは彼との会話の中からあなたが探っていく他ありませんわね。

「いい男がいない」なんて、ただの言い訳だってお分かりいただけたかしら？

〝いい男〟と出会うチャンスはあなたのまわりにたくさん転がっています。何も特別なことがなくても、ちょっとの勇気と行動力があれば、ほら３６５日、婚活できるじゃありませんか（笑）。

あなたの幸福な未来は、いつもちょっとの積極性が運んでくれるものですから。

「グレート・ギャツビー」の仮装ピクニック。サントロペの友人の別荘にて。

女性の人生は自由で楽しいものよ。
心から楽しんでいる女性に、
恋愛の神様は微笑んでくださるわ。

第十話

社交界の恋はゲーム

社交界とは？

わたくしは27歳で娘を産んだあと、パリやニューヨークにおりました。

パリではあちらこちらから招待を受けていつもレッドカーペットの上を歩き、水を得た魚のように社交界を泳ぎ回っておりました。

社交界というのは王侯貴族の流れを引いたサロンのことで、簡単に言うとフランスの場合はルイ16世の末裔を中心に、働かなくても大金を使えるエリートの集まりでございます。

そこでは晩餐会やカクテルパーティー、仮面舞踏会が催されているの。

春と秋は競馬場や狩り場、夏はモンテカルロやサントロペのビーチ、冬はグシュタードやサンモリッツスキー場へとその季節ごとにベストな場所へ移りながら集う会なのです。

本物のセレブリティたちが集い、オペラやコンサートを鑑賞、カクテル・ガラ、大晩餐会、舞踏会などが催され、〝美〟を競い合う。

だから、参加するにはヘアスタイルを美しく仕上げ、オートクチュールのドレス、そして宝石を身につけ頭のてっぺんから足の先までパーフェクトに着飾って出かけるの。

でも、一番重要視されるのはその場での〝会話〟でございます。

会話がうまくできなかったら、どんなに美人でゴージャスなルックスでも「壁の花」と呼ばれるし、男性の場合は他の参加者から「退屈だ」と言われてしまったら、もう招かれなくなってしまうぐらい〝会話〟に対しては厳しいところなのです。

主催者はそれぞれに館やお城、大きなアパルトモンを持っているから、今日は誰々のところという感じで毎晩のように豪華な会が開催されていたものでございます。

一般人はもちろん呼ばれません。それに政治家も俳優もショウ・ビジネスの人たちは呼ばれないの。

良い家柄、ステイタス、美貌、パーソナリティ、そして会話力が揃わないと参加できない特別なエリートの会。もちろんわたくしは社交界の常連、そして華のような存在でございました。

社交界の恋はまるでゲームのよう

わたくしがパリにいた1970年代の社交界では、恋なんてまるでゲームのようでしたわ。ルイ王朝時代のベルサイユ宮殿の貴族たちは、時間とお金が有り余っていたのよ。

貴族社会は働かないじゃありませんか。

時間を持て余していた貴族たちにとっては、スリルのある恋がゲーム代わりだったのね。

だから社交界の人々は毎日のように『恋』に明け暮れていたわ。

とある夫は友人の妻を寝取ったり、その妻は妻で友人の夫と遊んだり。その場で気の合った人同士で手に手を取って消えてしまうことなんて日常茶飯事。

でもルールがちゃんとあって、社交界での恋は絶対にバレてはいけないのです。

公になってしまうと大スキャンダルとして扱われ、社交界ではブラックリスト入りして糾弾されてしまうのよ。

あくまでも「恋はパーソナル・ゲーム」。社交界の恋は密やかにこっそりと楽しむものなのですから。

あら、わたくし？　わたくしも社交界では随分と恋をしたものです。

イギリスのエリザベス女王の従兄弟とお付き合いしていたの。パトリック・ザ・アール・オブ・リッチフィールドというとってもハンサムな伯爵とね。由緒正しい大伯爵家、ロンドン郊外の大荘園をお持ちの真の上流階級の方でした。

そうそう、ご自分のお城に線路が引いてあったわ。

ご自分のお庭に駅があって、お父さまの時代にはロンドンへ向かうときはその庭の駅から汽車に乗っていらしたそう。

でも、わたくしはその伯爵とお付き合いをしながらも、別の男性と恋に落ちてしまったの。

だって、目の前に素晴らしい男性が現れたら、じっとしているわけにいきませんでしょう。

伯爵の庭にその男性がヘリコプターを呼んでくれて、そのままロンドンのヒースロー空港へ。その足でファーストクラスでニューヨークまで逃避行。でも、そもそも伯爵はG公爵家のご息女と結婚する運命にあったのよ。あの時はいろんな恋をしたものね。

でも、誤解なさらないでね。要するに社交界は魅力ある人を求め、お互いに刺激を受け、優雅さを堪能し、機知を楽しむところなの。

楽しんでこそ『恋』

なにもわたくしはみなさまに社交界のように、いろいろな男性に手を出しなさい！　そう言っているのではございません。

みなさまに毎日を楽しく生きていただきたいのです。

「婚活！　婚活！」と、友達よりも早く運命の男性を見つけるために鼻息荒く猛ダッシュをするのではなく、もう少し気楽に婚活をなさることをオススメしたいのです。

躍起になって婚活をしている方に限って、気になった男性から連絡がないだけで落ち込んだりしていないかしら？

ちょっと好きになった人に振り向いてもらえないからといって、出会いの場に行くのを怖がったり、恋をすることに臆病になっていないかしら？

もし、ほんの小さな失敗やうまくいかないことで悩んでいたり、それが原因で勇気や自信をなくしてしまっているのなら、もっと〝気軽〟にもっと〝楽しく〟恋をなさっていただきたいと思っています。

恋愛偏差値の上げ方

社交界のようにたくさんの出会いがあって、いろんな男性と恋の練習をしていると、いざ本気で好きな男性が現れた時に、あなたの本領が発揮できるものなのよ。

みなさんはまだお若いし、キレイでおしゃれも好きですよね。

だから「当たって砕けろ」というガッツを持ってもらいたいわ。

日本でも毎晩のようにいろいろな場所でパーティーや合コンなどの出会いの場が用意されております。今だって、どこかで誘惑し合っている方がいるわ。

その誘惑に乗るか乗らないか。

誘惑だからあなたが嫌だったら断っていいのよ。

どんどん恋の失敗をしながら、あなたの恋愛偏差値を上げていきましょう。

ガチガチの硬い婚活をしている人に限って、一度のミスで婚活をやめてしまうのよ。

もう少し気軽に楽しく婚活なさったらいいわ。

彼からの電話が来ないからって家で落ち込んでいてはダメ。

女性の人生はもっと自由で楽しいものよ。

心から楽しんでいる女性に、きっと恋愛の神様は微笑んでくださるでしょうね。

第十一話

恋愛の我慢はするだけ損！

彼氏が元カノの写真を持っていたら？

最近、彼氏が昔の彼女の写真をまだ持っていることを知ってしまい落ち込んでいる女性の話を耳にいたしました。

以前お付き合いをしていた女性の写真を見てしまいショックを受けているようでしたが、そのようなことはわたくしに言わせたら人生で最も無駄なことでございます。

まず、新しい彼女ができたのであれば、男性はマナーとしてスマホから昔の女性の写真は削除すべきよね。何かの拍子に見てしまったとしても、目につきやすい場所に元カノの影を匂わすものがあること自体がマナー違反。その男性の誠意を疑ってしまうわね。

そういう男性には、

「あら、あなたフラれたのね！」

って言っておやりなさい。

そして、続けざまに、

「あなたフラれたのに未練がましく写真なんか残しているなんて……」

って言ってごらんなさい。男性もプライドがあるから、そんなことを言われたら消さざるを得ませんわ。

この言葉で傷つく男性もいるかもしれませんね。でも、言えばいいのよ。「今は私と交際しているのだから、私に失礼よ！」って。

「ごめんごめん！」と言って消してくれたら、「ありがとう」と言い、両手で彼の顔を押さえキスでもして差し上げたらそれで問題解決！　そして、もうこのことは忘れて彼と良好な愛の関係を続ければいいわ。

無駄な我慢はするだけ損！

『努力』と『我慢』は人生にはつきものだけど、恋愛において『無駄な我慢』ほどいらない労力はございません。

どんなに彼のことが好きだとしても、あなたの一方的な『我慢』の上に立つ幸せなんて成立するはずがございません。

せっかく我慢をするのなら、あなたが『報われる我慢』をするべきです。

もし、彼に「前の彼女の写真を消して」と伝えて、消してくれないようだったらそんな男はやめておいたほうがいいわね。今すぐ諦めてしまいなさい！

そんな男とは一緒にいるべきではございません。

その写真のせいであなたが傷ついているのに、今一緒にいるあなたのことより、前の彼女との思い出を大切にする男性と一緒にいても絶対に幸せになんてなれません。

それにその男性はあなたのことを、これっぽっちも真剣な交際相手として見ていないじゃありませんか。

前の彼女の写真を見たあなたが〝その女性よりももっと素敵な女性になりたい〟と思い、ご自分を磨かれるのは良いことですよ。

そうだとしても、写真を見てあなたが傷ついていること、そしてその写真を消してもらいたいことはちゃんと彼に伝えないと！


だいたい会ったことのない昔の彼女のことで、今幸せなあなたが『我慢』する必要がどこにあるのかしら？　こんな小さいことで悩んでいるようだったら、最近は素敵な恋愛をしていないということじゃないかしら？

あまりにも小さいことでくよくよ悩んだり、報われない我慢をしてまで恋愛をする必要なんてございません。恋愛は楽しむことが大前提。

わたくしの人生は、そのような恋愛の悩みとは無縁の人生でございますわ。

悩むより、もっと素敵な男性に目を向けて

考えてもごらんなさい。

世の中にはたくさんの素晴らしい男性が存在しているのよ。今あなたの周りに見つからなくても、あなたが行動範囲を広げちょっと積極的になれば、すぐにでも出会うことが可能です。

これは本当にそうなの。

いつの時代も勇気を出して一歩踏み出した女性から、幸せを摑んでいくものでございます。自分を傷つける男性と我慢をして一緒にいるなんて、若くて楽しい時間を自ら棒に振っているのも同然。

わたくしが常に言っている〝男性に尽くすこと〟そして〝寄り添うこと〟は、素敵な男性に出会ってからするべき努力なんですよ。

あなたを傷つける男性に対してそんなことをしても、あなたが報われることなんて何ひとつありませんわ。

もし、いま彼との関係に悩んでいるのであれば、もう少し視野を広げてごらんなさい。

この広い世界にあなたのような女性を求めている男性が何百人といるかもしれませんよ。

あなたの心を傷つけるような、あなたに対して思いやりや愛のない男にすがって、もっと素敵な男性と恋をするチャンスを逃してしまうほうが時間の無駄、人生の無駄遣いです！

悩んで落ち込むぐらいなら、勇気を出してあなたが幸せになれる男性を探す努力をなさい。

これこそがあなたが結婚に近づく一番早い方法ね。

うたかたの恋。名優アラン・ドロンと楽しいひととき。パリのマキシムにて。

いつの時代も
勇気を出して一歩踏み出した女性から、
幸せを掴んでいくものです。

第十二話

女の価値を落とすブランドバッグ

ブランドバッグは女のステイタスではない

おしゃれはいつの時代も女性の楽しみのひとつですよね。

わたくしも高価なオートクチュールから古式ゆかしい和服まで、その場に合わせて着こなしてきました。

どんな場合もわたくしが心がけていることがあります。

それは、自分に合うもの、そして自分を引き立たせてくれるものを身につけること。

20代と50代では似合うものも違います。

人それぞれ個性も様々なので、高ければいいというものではありませんし、物が良くても似合うとは限らない。それなのに、日本の若い女性はどうして皆揃えたように高級ブランドバッグを手にしているのかしら。

ちょっと前に新作バッグの発売日、フランスの某高級ブランドの開店前に日本人が行列をつくっていることがニュースになりましたでしょう。

警備員が出て誘導していた騒ぎは、パリでは珍しい光景です。

パリの人々は〝なぜ日本の若い女性は高級バッグを買えるのか〟と首をかしげていました。

パリの若い女性でブランドバッグを日常的に持っているのは、資産家の親を持つ人ぐらい。

円熟の年齢に達した人が初めて手にする品物なのですよ。だから若い女性が身につけても、似合いませんわ。

それに高級バッグを持つ必要なんて、どこにもないじゃありませんか。

婚活にブランドバッグは絶対にNG！

まさか、みなさま、素敵な男性から選ばれようとする〝出会いの場〟に、ブランドバッグを持って出かけていませんよね？

もし、ブランドバッグを持って婚活をなさっているなら、直ちにおやめなさい。

あなたが持っているブランドバッグを見たとたん、男性は生涯のパートナー候補からあなたを除外するわ。

だって考えてもごらんなさい。

どうしてこの女性は何十万円、何百万円もするバッグを持っているんだろう？
・実家がとてもお金持ちなのかも、それでは自分の稼ぎでは養えない
・パトロンかお金持ちの彼氏がいるのかも
・クリスマスには高価なプレゼントを要求されるかもしれない
・援助交際しているのかも
このような考えまでもが一瞬で男性の頭をよぎります。

ブランドバッグの力を借りてご自身を格上げしているつもりでしょうが、そんなの成金じゃございませんか？

一生懸命働いたお金で買ったブランドバッグが、あなたの価値を下げてしまうのですよ。

これは愚の骨頂でしかありません！

ブランドバッグの力を借りるなんて大間違い！

ブランドバッグに頼らずにあなたの魅力を引き出す方法は、〝あなたに似合う好きな洋服を着ること〟。

ご自分の好きなデザインを着ているときは気分もよく、初めて会う男性とも自信をもって接することができます。そのためにはまず〝自分らしさ〟を知ることから始めてみましょう。

安易にブランドバッグの力を借りようだなんて大間違い！　ブランドバッグにかけるお金があるのなら、いろんなタイプの洋服を試すために使ったほうがあなたの魅力が増すの。

あなたが魅力的になればなるほど、男性から選ばれる確率も上がるもの。

せっかくだったら、素敵な男性から選ばれたいじゃありませんか。

若い年齢の女性には、若い女性なりに似合うファッションがあります。若いというだけで美しく、高価なものはいりません。背伸びをしたバッグやファッションでは、素敵な男性を振り向かせることはできません。

みなさんも素敵な女性を目指して、まずはご自分を知り、似合うファッションを探すことが婚活には有効ですわ。

男性は意外と素朴でシンプルな女性に惹かれるものですよ。

一緒にいて楽しく、安心出来る人に。

第十三話

白馬に乗った王子より、自分流に育てた男

22歳年下の男性との恋

さて、わたくしがお付き合いをしていた年下の彼・アランのお話をいたしましょう。

アランとの交際のきっかけは、パリでわたくしがとあるパーティーに出席していたときのことでした。その場で彼はイランの元王妃、プリンセス・ソラヤに紹介される予定だったのですが、アランったらマダム・スカルノのほうがいいって言うの。

じゃあ、デートをしましょう、という感じで交際が始まりました。

当時の彼はまだ27歳。若くてとてもハンサムだったから、モデルとしてパリに来ていたの。

でも当時、彼は全くお金がなかったの。

わたくしが今まで付き合ってきた男性って、地位、名誉、財産、経験値、そして、見た目を兼ね備えたパーフェクトな男性しかおりませんでした。

わたくしが男性を選ぶ基準の第一条件は、わたくしにお金を払わせることのない男性。

だって、デートの最中のお支払いは全て男性の方、それは自分がレディである証ですもの。

見た目とお金の両方をわたくしは当たり前のように求めておりました。

そんなわたくしに彼は「僕も立派な紳士になれるかしら？」と言ったの。

え――――って驚いてしまったわ。

この世にこんなナイーブなことを言う人がいるのかしらって。彼って、本も新聞もほとんど読んだことがなかったのよ。それにケネディやマリリン・モンローのことも知らなかったの。

だから、わたくしがこの人を教育して立派な紳士にしてあげよう。

そう思って交際を始めたの。

彼を紳士に育てる楽しみ

今までわたくしは男性から尽くされることが女の幸せだと思っておりました。

でも、彼に出会ってからは、男性を自分好みに育てる楽しさを知ってしまったの。

だからこそ、わたくしが今まで男性から学び、経験させてもらったことを、全部彼にも経験させてあげたわ。わたくしはまるで「あしながおじさん」。

彼が今まで着ていたものを全部捨てさせることから始めたの。

ランバンやクリスチャン・ディオールのスーツとオーデマ ピゲの時計、カルティエ、ヴァンクリーフ&アーペルのタキシード用の宝石。シャツもオーダーメイド、そしてピカピカの靴。頭のてっぺんからつま先まで超一流品を揃えてあげたわ。そうね、1ヵ月に1500万円ぐらい使ったこともあったわね。

色々な本を読ませ、新聞にも慣れてもらいました。通りを歩くときは私の左に、ドアを開ける、イスを引くといった基本的なマナーから全てを教えてあげたわ。彼が宝石の仕事に就きたいと言えば、ニューヨークに行ってGIA（米国宝石学会）の資格を取らせ、ハリー・ウィンストンに勤務させたのよ。その甲斐あって、彼は今、誰から見ても立派な紳士になりました。

出会ったとき27歳の彼も、もう57歳。

ロマンスグレーが似合う素敵な紳士に成長したわ。

でも、彼がはじめてわたくしに会った時つけていた時計は、いまだに大切に持っているの。

いつか〝あなたがしていたのはコレよ〟って見せてあげようと思って。

はじめから完璧な男性なんて存在しない！

ここでわたくしがみなさまにお伝えしたいことは、世の中には自分の希望を全て叶えてくれる理想の男性なんてめったに存在していないということ。いつまでも白馬に乗った王子様を探し求めていたら、あなたはどんどん年を取ってしまい婚期を逃してしまうわ。

わたくしの場合、男性に求める条件は、名誉、地位、収入、教養、ルックス、そしてセックス。

そのすべてをパーフェクトに満たしている男性しか認めてこなかったわ。

でも、高いハードルを越えた人を探すのは至難の業。だからこそ、その中の譲れないポイントをクリアした人を見つけたら、あとは自分の好きなように男性をカスタムしたのよ。

アランの他の男性にはない一番のポイントは、ハリウッドでも珍しいほどのグッド・ルッキングとグッド・ボディ。

そんな彼にわたくしが求めている名誉、地位、教養を与えてあげたの。

そのほうが効率的だって思ったし、その判断は間違いではなかったわ。

22歳年下の彼氏アラン・ポラックと。デヴィ夫人のニューヨークの自宅にて。

彼との今の関係

なぜわたくしが彼と別れて生活するようになったかと言うと、日本で彼はわたくしの付き人のような感じになってしまったの。パリやニューヨークではわたくしたちはカップルとして受け入れられていたわ。だから、どこへ行くにも一緒に招待されていたの。

でも、日本ではわたくしだけが有名人、わたくしは特別な存在。

せっかく紳士に育てた彼が、わたくしの影のような存在になってしまっていることが気の毒に感じてしまったのよ。

「あなた独立して生活してみない？」そう彼に伝えて、彼をアメリカに帰したの。

憎しみ合って離れたわけではないから、今も連絡は取るし、旅行にも一緒に行く関係よ。

わたくしとアランの恋からみなさんに学んでいただきたいことは、理想を追い求めすぎて恋のチャンスを逃すより、男性の長所を伸ばすことも時には必要だということ。

白馬に乗った王子様を探すより、ひとつでもいいなと思うポイントを持った男性がいらしたら、自分好みに育てるという方法ね。男性をカスタムしていい男に育てるほうが、王子様を探すより効率的だと思いませんか。

もしかしたら、みなさまの近くにいる男性が本物の王子様に変身する可能性もあるかもしれませんね。

第十四話

最高の男性との幸せを絶対に諦めないこと

婚活に疲れても、幸せから逃げないで！

最近、「婚活疲れ」している女性が多いという話を耳にいたしました。何度かうまくいかないことがあると、そこで諦めてしまったり逃げてしまいたくなる気持ちはわたくしにもとても理解できます。でも、運命の男性との幸せは絶対に諦めてはいけません。今回はそんなみなさまにわたくしからエールを送りたいと思います。

先日、ＩＴの神様と言われる世界で最も有名な起業家の一人、アリババ・グループ会長であり、ソフトバンク・グループの取締役でもあるジャック・マー氏が講演を行いました。今でこそ世界有数の企業だけど、アリババの創業メンバーは誰ひとり成績優秀な人はいなかったそうです。大切なのは頭の良さではなくて、突き進むやる気のみで、どんなこともできると力説していました。この言葉にわたくしはとても共感するものがありました。

バラエティ番組で体当たりチャレンジをする理由

わたくしはバラエティ番組でいろいろなことに挑戦しております。ポールダンス、ボルダリング、スカイダイビング、イルカに乗ってサーフィン、バンジージャンプに空中ブランコ。滝から滑り降りたり、泥温泉に浸かったこともあります。脚も背中も傷だらけ。収録が終わった後はすごい青あざが体に何ヵ所も。こういうのは年齢を重ねると消えにくくなるのよね……。

「なぜそこまでなさるの？」

　こう言われるたびに、わたくしが答えることはひとつ。

「他の人にできることが、わたくしにできないはずないわ！　しかも、わたくしは楽しんでやっているの」

　わたくしのモットーは「何にでも挑戦すること」。だから同じ人間なのに、あの人にできて、わたくしにできないなんて！　と気持ちが高ぶってくるのです。

　そもそもわたくしは高所恐怖症……。

　ジェットコースターもダメだし、バンジージャンプなんてとんでもないわ。ある番組では高所恐怖症を取り除く催眠術をかけられて飛ぶという設定で、放送では「催眠術にかかって飛べた」となっていましたが、本当は催眠術なんてかかってなかったのよ！

　催眠術師に恥をかかせるのも、監督さんがクビになるのも可哀想だと感じ、人助けのために恐怖心を心に閉じこめて無理やり飛んだのよ。

「絶対に無理」と思っていたものができたときの充実感と達成感に比べたら、怖さや恐ろしさはなんてことないわ。やり遂げた後はまたチャレンジしたい気分になるの。それに苦しい仕事を終えて、夜に飲むシャンパンは最高だわ。この経験がわたくしを大きく強くさせているのです。

　わたくしは現在79歳。

　これからもわたくしはバラエティ番組でどんな過激なチャレンジでも受けて立つつもりよ！

だって、わたくしの挑戦を見てくれた人が勇気をもらってくれたら嬉しいじゃない。

ですからテレビ番組で「今度はこれに挑戦しませんか」と言われると、すぐに「試してみましょう」と言ってしまうの。だって、チャレンジすることは大変な反面、とても楽しいものだから。

この本を読んでくれている婚活女子のみなさまにも、「夫人がこんなにチャレンジしているのだから、婚活が恥ずかしいとか言っている場合じゃないわ」って思ってもらえたら本望ですわ。

あなたの願いは何かしら？

運命の人と出会い、そして幸せになることですよね。だったら、その願いは絶対に諦めてはダメよ！　本当に自分の目的を貫こうと思ったら絶対できるはず。何度か失敗が続くと「美人じゃないから」とか「モテないから」とか言い訳をつけたくなる気持ちもわかるわ。

でも、それじゃあ自分の人生は開けないの。

99回失敗しても、１００回目はもっと素敵な男性と出会える可能性が広がったとポジティブに捉えるの。そう思って成功すれば、人生で最大級の達成感を味わえるでしょうね。

そうやってご自分の人生を開拓しなくちゃ。あなたの努力は絶対に報われますわ。

心が折れそうになったときは、素敵な男性と幸せそうに微笑んで暮らしている未来の自分を想像してごらんなさい。未来の旦那様と一緒に乾杯して飲むシャンパンの味は、きっと格別なはずよ。

さあみなさま、最高の男性と過ごす未来に向けて、どんどん婚活を頑張っていきましょう。

第十五話

大好きな年収200万円の男と好きでもない年収1億円の男、どちらと結婚すべき？

愛はお金で買えるのか？

「愛はお金で買えるのか？」わたくしはよくこの質問を受けることがあります。

わたくしにしてみたら、こんなこと聞かなくてもお分かりになるでしょうと思うのですが、今回はハッキリとお答えしましょう。「愛はお金で買えます！」

年収200万円の男と1億円稼ぐ男の違い

じゃあ、わたくしからみなさまへ質問です。大好きだけど年収200万円の男性と、あまり興味はないけれど年収1億円の男性。果たしてどちらと結婚するのが幸せだとお思い？

答えはもちろん、1億円稼ぐ男性です。

では、詳しく説明してまいりましょう。

まず、年収200万円の男性との結婚生活。

結婚したらその男性を嫌いになってしまうのではないかしら？　大昔の大和撫子はもういないから、貧しく満たされない生活だと、相手を敬えなくなってくるのよ。ケンカも増えるでしょうし、不平不満が増して愛の熱量も冷め、疲れてくる。

でも、年収1億円稼ぐ男性は、あなたの生活を満たすことができる。

人間は満たされていると不平不満がなくなり、相手のことを感謝し敬うことができるの。

わたくしの周りには億以上の収入がある人と結婚している方がたくさんおります。みなさん満たされ豊かな生活を日々実感されていて、とても幸せそうですわ。

人間とは欲深い生き物

わたくしはみなさまには幸せになってもらいたいのです。ですから、今回は綺麗ごとを一切排除してお伝えしますね。人間って本当に欲深い生き物なのよ。

わたくしだって「愛はお金では買えません！」なんていうことを信じていた純粋な娘時代もありましたが、人生の経験値が増えるほどそんなことが言えなくなってしまいました。

もちろん、いろいろなタイプの方がいらっしゃるので「絶対にお金で愛が買える」とまでは言いませんが、たいていの場合は「お金で愛は買える」ものなのよ。

では、例の年収２００万円の男性との結婚。

昔なら〝愛があればそれだけで大丈夫〞と何があっても我慢ができた人もいたと思うけど、この物質豊富な現在ではちょっと難しいんじゃないかしら。

辛抱して生活を続けて、自分もどんどん年老いていく。

それはあなたが思い描いた生活でしょうか？

１億円の男性に対してはじめは愛がなくても、満ち足りた生活を送らせてもらえる毎日に感謝するようになるわ。そして、それだけの収入を稼ぐことができる能力を尊敬し、その尊敬が次第に愛に変わってくるのよ。これだけ財力があれば、安心して子供が産めるわ。

そして、子供にあなたが望む教育を存分に受けさせてあげることもできる。


ここまで言って、それでも「お金で愛は買えない」という人がいたら、試しに年収200万円の男性と結婚してごらんなさい。

あなたが1億円稼ぐ男性を手放した途端、すぐ他の女性に取られるでしょうね。

一方、年収200万円の男性を手放しても、誰も取りに来ない。

そのぐらい人間って欲が深いの。

お金を稼げる男性への尊敬の念

前にもみなさまにお伝えしましたが、結婚生活で大切なことは、『尊敬』『信頼』『思いやり』この3つです。結婚生活をいかに素晴らしいものにできるかも、相手の男性に対してこの3つの気持ちを持ち続けていられるかどうかです。

今回はお金に対して厳しいことを言いましたが、家族が安心して自由に不満なく生活を送れるということは、あなたの幸せのベースになること。

生活を支えるために外で頑張って働いてくれている男性に対し、誰だって自然と尊敬の念を抱きますよね。そして、家にいない時間も相手を信頼し、その働きを思いやり、帰ってきたら優しく接する。

生活のベースが安定していると、結婚生活で大切な3つが自然と相手に対してできるのです。

結婚は綺麗ごとではなく、リアルな生活のこと。

そのためにもお金のことは避けては通れない話なのです。

1億円稼がなくても安定した生活が送れる男性を

今回は例え話で年収1億円と言いましたが、億を稼ぐ男性から選ばれるのは並大抵のことではありません。そこまでの収入を男性に求めるのは難しくても、せめて安定・安心した生活を送ることのできる収入のある男性を選ぶことが大切だということを知ってもらいたかったのです。

今までたくさんの結婚生活を見てきました。

お金で苦労する人、夫の女性問題で苦労する人……。

でも、たいていの問題はお金で解決してしまうのよ。


みなさんは幸せになるために生まれてきたのよ。

そのためには結婚生活に対するリスクを回避できる男性と出会う努力を怠らないこと。

わたくしはいつでもみなさまの幸せを願っておりますわ。

インドネシアの昼下がり。

第十六話

ハイヒールは女の戦闘服

婚活に有利なファッション

婚活にいそしんでいらっしゃるみなさまは、どんなファッションで出会いの場へ繰り出しているのかしら？　初対面で男性は、瞬時にあなたの顔、そしてファッションを見ます。そのほんの一瞬で恋に落ちる人もいるぐらい。いつどんなときに運命の男性と出会うかわからないからこそ、毎日のファッションには気を使いたいですね。だって、あなたの顔と同じぐらい、あなたのファッションは男性から見られているのですから。

体のラインがわかる洋服は有利

わたくしは世界中のたくさんの社交の場へ顔を出しております。

そこで男性からの熱い視線を集めるファッションがあることに気がつきました。

それは、『体のラインがわかる洋服』！

女性特有の曲線美がくっきりとわかるファッションは、どんな高価な宝石や高価なドレスよりも、男性の視線を釘付けにする魔力があります。

考えてみてください。

体のラインがくっきりとわかるデザインというのは、実に男性の想像力を働かせるファッションだと思いませんか？　それは胸元を大きく開けたデザインよりもはるかに有利です。

まず、胸元の大きく開いた露出度の高い洋服は、見る側には楽しいと思いますが、男性の立場からして自分の妻になる女性にして欲しいファッションかしら？

あからさまにバストを強調するより、体のラインを通して男性の想像力を掻き立てる。これなら自然と男性があなたのことを考える時間ができ、あなたに興味を持ってもらいやすくなります。

それに10代ならまだしも、年齢を重ねた大人の女性の過度な肌の露出は、その方の品位を落とします。最近はズルッとルーズなファッションも流行っていますが、せっかく女性にお生まれになったのですから、なにもダボダボとした洋服でバストのふくらみやウエストのくびれを隠す必要がどこにありますか？　どんどん男性に見せつけて、恋の可能性を高めたほうがあなたの人生の選択肢が増えるのではないかしら？

ハイヒールはわたくしの戦闘服

わたくしは79歳になりますが、テレビの収録、会食、お買い物など普段の生活ではいつもハイヒールを履いております。もうずっとハイヒールを履いているせいで、ぺったんこの靴を履くと逆に疲れちゃうのよ。ハイヒールを履く瞬間、わたくしの女性としてのスイッチが入るの。

〝これから人に見られる〟

家でくつろいでいた時間と、外に出てレディとしてふるまう時間。

その時間をはっきり分けてくれるのがハイヒールを履く瞬間なのです。

気持ちがシャキッとして、顔つきまでもキリリと変わる。そう、私にとってハイヒールは戦闘態勢に入るための戦闘服のようなもの。

脚をキレイに見せてくれるスラッと細いヒール。その頼りなく華奢な感じこそ、男性にとっては女性を象徴するようなアイテムですよね。身長を高くスラリと見せてくれて、女性らしさも添えてくれる。体型にあまり自信がない方こそ、積極的に取り入れたほうがよろしいですね。

自分の戦闘服を作りましょう

わたくしの場合はハイヒールが〝女〟としてスイッチが入るアイテムですが、みなさんはどんなアイテムでスイッチを入れているのかしら？

あら、そんなことは意識していませんでした？

ファッション次第でどんな女性も演じられるの。だからどんどんファッションを楽しまないと。

みなさまも〝女〟としてのスイッチが入る『婚活戦闘服』を用意されてはどうかしら？

それを身につけると、いつものあなたより自信が持てるようなもの。別に特別なものじゃなくても、「このワンピースを着ると自信が持てる」だとか、「この色を着るとキレイに見える気がする」、こんな感じでいいのよ。

特に男性との出会いの場は、あなたの魅力を最大限にアピールする必要がありますよね。

まとうだけで自分に自信が持てたり、いつも以上に自分が女性らしく振る舞えるようなものを身につけること。普段からあなたの魅力を増してくれるものを身につけることが、ステキな男性と出会ったときにとっておきのパワーを発揮してくれるはずですから。

第十七話

腰の重い女と尻の軽い女、幸せになるのはどっち？

腰の重い女

これはもう、出会いの場、そう、人生のパートナーと出会うための場に行くことを躊躇するというのは、自らが幸せになるためのチャンスを逃しているも同じこと。

それなのに「いい人がいない」とか「彼氏ができない」だとかグチを言うのだから、〝ご自分の行動を反省しなさい〟と言ってやりたくなります。

まずはあなたが行動しなければ、不幸になることはあっても、幸せになることは絶対にありません。何の努力もせずにステキな男性と恋に落ちるなんて、小説どころか、絵本の中だけのお話ですよ。

若くてきれいな時期を「面倒くさいから」、こんな理由で家でゴロゴロと過ごしているのだとしたら、それはあなたの人生をドブに捨てているのと同じこと。そのぐらい自分の幸せな未来を自分から遠ざけている行為なのです。もし、心当たりのある女性がいたら、今すぐその行動を改めていただきたいわ。

尻の軽い女

あら、もうこれもダメよ。

気に入った男性とその日のうちに体の関係を持ってしまうことは、絶対にダメよ！

体を許す一瞬はあなたをお姫様のように扱ってくれるかもしれないけど、次に会う機会があっても、その男性はあなたの体しか求めてこないわ。

会ったその日に体を許すということは、それだけあなたが軽く扱われるということなの。

どんなに〝この人に決めた〟そう思った男性だったとしても、その日のうちにあなたの体を差し出すことだけは絶対にダメ。

恋愛って、プロセスを楽しむものなのよ！

ステキなことを待ちわびて、お互いに我慢したり、焦らし合ったり。

そういう時間を重ねることで男性はその女性へ思いやりの価値を高めていくの。

すぐに肉体を差し出したら、もう最後じゃない。

もし、この行動に心当たりがある方は、「待つ楽しさ」、そして、「相手に待たせる楽しさ」を覚えたほうがいいわね。相手がどんなに欲しがっても、焦らすこと。

これこそ最高の恋愛のプロセス、一番楽しい瞬間じゃないかしら。

わたくしのレベルですと、そのプロセスはアーティスティック。

もはや芸術的なものですわ（笑）。

体の関係は最後の最後までとっておくことが大切です。

どちらの女性が幸せを手にするか？

「腰の重い女」と「尻の軽い女」。

そのどちらもとてもタチが悪いですが、その二人が同時に一人の男性に恋をしたとします。みなさまは幸せを手にするのはどちらの女性だとお思い？

わたくしは「腰の重い女」のほうが、まだ幸せを掴む確率が高いと思います。

まぁ、その男性からデートに誘われて、それでも〝面倒くさい〟なんて家にいるようだったら話は別よ。もしわたくしがその女性を目の前にしたら、「早く支度をしてデートへお行きなさい!!!」そう一喝したいぐらいですわ。

では、なぜ「尻の軽い女」が幸せになれないかというと……それは男性からの〝尊敬〟の気持ちが得られないから。

男性は恋愛のプロセスを踏んでいく過程で、その女性を敬う気持ちも積み上げていくの。〝尊敬〟の気持ちがあるからこそ、その女性を大切にできる。

そして、その先には人生のパートナーとして将来を共にしたいと考えるようになる。でも、その日のうちに体を許してしまうと、その〝尊敬〟を積むことが一切できないの。

それに、
・他の男性へも簡単に体を許すのか？
・真剣に付き合わなくても、遊びで十分
・セックスをしたいときだけ会えばいい
と、男性に思わせてしまう。

会ったその日に体を許すということは、これだけあなたの価値を下げることになるの。

幸せを手にするためにやるべきこと

「腰の重い女」と「尻の軽い女」。

そのどちらも幸せな未来からは遠い存在ね。でも、「尻の軽い女」のほうが女性としての幸せを掴む可能性が低い。みなさまはこのことを心に刻んでおきましょう。

わたくしの時代は、お手紙を書いたり、時間を合わせてお茶をしたり、手をかけて恋を育んだものです。

いまみたいにＳＮＳがある時代だと、恋愛のプロセスが積み上げにくいのかしら？

でも何でも簡単に便利にできてしまう時代だからこそ、なかなか手に入らないものに対しての価値は絶対に高くなるんじゃないかしら？

「待たせること」、「焦らすこと」。

この工程すら楽しめるようになると、恋愛もあなたが主導権を握れてスムーズに運べるようになるんじゃないかしら。

1歳半になったカリナを連れてコルシカ島でバカンス。

第十八話

失恋に塗る薬

忘れられない男

わたくしは今までにたくさんの恋愛をしてきました。

初恋の日本人男性、名優アラン・ドロン、銀行家F・パエサ、リッチフィールド伯爵、サブラン公爵、22歳年下のアラン・ポラックetc.。一緒にいると楽しくて、時間が経つのがとにかく早かったわ。1分も離れたくない気持ちで、夢中で恋愛をしておりました。

愛し合っていればいるほど、どの男性ともお別れをするときは本当に心が張り裂けるような気持ちになります。

やむを得ずお別れした人、病に倒れた人、死別……。

自分の心の中ではどんなに別れを納得していたとしても、愛しい気持ち、会うことのできない寂しさとの直面は本当に辛いことです。

恋の初めはあんなに楽しいのに、別れの辛さはどうしてこんなに残酷なのかしら。

みなさんもそう思いますでしょ。

忘れなくていいから諦めること

好きだった男性に触れたときの感触、香り、仕草や口調、二人だけが知っている習慣。

お別れした後は、なおさら愛しさが募るものです。

思い出すたびに辛い気持ちになる。だからその男性のことを忘れようと努力しますよね。

でも、大好きだった男性との素晴らしい恋愛を忘れる必要なんてございません。それにあなたが夢中で恋をした体験は、どんなに忘れようとしても忘れられるようなものではありません。

わたくしは失恋をした女性には「忘れるよりも、諦めなさい」、こうアドバイスをしています。

あなたと別れたということは、彼はもう別の世界に住んでいるということ。

お互いの環境も状況も、もう付き合っていたころに戻ることはありません。

それなのに心でずっとその方を慕い続けているのは、辛い時間を過ごすだけ。

でも頭の中で「もう終わったこと。諦めよう」、こう理解をしているだけで、自然と気持ちが前を向くものです。

どんな別れ方をしたとしても、別れは絶対的に辛いもの。

だからこそ、いつまでも心の繋がりを求めるのではなく、頭の中でちゃんと切り離すこと。

それができるようになると、失恋の痛みもだいぶ和らぎますわ。

失恋に効く一番の特効薬

わたくしも辛い別れをしたことがあります。

そして、経験を重ねるうちに失恋に塗る薬があることを発見いたしました。

失恋の一番の特効薬は『新しい恋』でございます。

「男を忘れるには新しい男」。まさにそう。

失恋で辛いのは、自分の心の中が悲しみでいっぱいになっているから。

だったらその心の中を、楽しくて、ワクワクするような新しい恋で満たしてあげれば、自然と苦しい思いは居場所をなくして消えてしまうの。

昔から「失恋の痛みは時間が解決してくれる」、こんなふうに言われていますが、自然と失恋の痛みが消えるのを待つとしたら、一体どのぐらいの時間が必要なのかしら？　修行僧でもあるまいし、辛い思いをしたからといって、来世で幸せな恋愛が成就するとでもお思い？

若くて楽しいはずの時間を、辛くて悲しい時間として過ごしてしまうことはあなたにとって大損失。若いときの時間は、どんな大金を積んでも取り戻すことができないぐらい大切なものなの。失恋の痛みを時間が解決してくれるのを待っていたら、婚期を逃しちゃうじゃない。それこそ取り返しがつかないわ。

失恋したら次の恋！

それもなるべく早く新しい恋を探すことをオススメいたします。そうしたら辛い思いをする時間がグッと短くなりますね。

どうせ苦しむなら新しい恋で！

だいたい終わった恋で苦しむことは、なんて生産性の低いことなのでしょう。辛いということ以外、なにひとつ生まれません。だったらそのエネルギーを新しい恋愛に回したらどうかしら。

どうせ新しく誰かと恋に落ちたって、辛い思いや悩み事はどうしたって出てくるのよ。

同じ苦しむなら、新しくて将来性の明るいほうにエネルギーを費やしたいわよね。

「会いたいのに会えない」「彼は私のことが好きなのかしら？」

人を好きになった途端に苦しいじゃない。人を愛した瞬間から愛も恋も苦しみが始まるのよ。

でも、恋愛は結ばれたら苦しみが喜びに変わるもの。

そのプロセスを経験することが人生なんじゃないかしら。


終わった恋にどんなにすがっても、あなたは報われることはありません。

だったら、あなたの努力が報われる新しい男性を探しましょう。


いったい世界にはどのぐらいの男性がいると思っているのかしらね？

たった一人にフラれたからといって落ち込んでいる暇はありません。

どんどん新しい男性と出会い、みなさまが素敵な恋愛をなさることを心から願っております。

パリコレをフロントローで見学する夫人。

第十九話

恋愛のビビビビッを信じなさい

恋愛のビビビッ

　みなさまは初めて会う男性にビビビッを感じたことはございますか？

初めて会った男性に感じる、一目惚れよりも激しいその感覚。

わたくしはそのビビビッは、信じていいと思います。

そのビビビッの正体が、テレパシーなのか何なのかはわたくしにもわかりません。

でも、不意に男性に会った瞬間、あなたの頭が〝ステキな人〟と感じるよりも先にビビビッと心と体に訴えてくるのよ。

それはもうあなたの本能の仕業ね。

あなたの細胞のレベルで〝この男性はあなたにとって大切な人だよ〟と伝えているのよ。

じゃあ、今まで何人の男性にビビビッと来ました？

きっと片手で収まるほどの数ですよね。

そのビビビッはあなたの人生で何度あるかわからない運命のサイン。

それなのに「まだよく知らないし……」「いい人なのかもわからないし……」

なんて消極的になっているとしたら、せっかくのチャンスをドブに捨てていることと同じね。

ここはわたくしが太鼓判を押します。

あなたのビビビッを信じなさい！

スカルノ大統領にもビビビッ

わたくしが初めてスカルノ大統領とお会いしたのは、日比谷のスカラ座で『愛情の花咲く樹』という映画を友人と見る約束をしていて、帝国ホテルのグリルの入り口で待っていたときのことでした。

軍服を着た外国の要人らしい人がお供をたくさん連れて通りかかったの。もちろんわたくしはそれが誰かわからなかったけど、思わず起立してしまったわ。

しばらくして待ち合わせしていた友人から頼まれたという、その外国の軍人のお供の一人、サブル大佐が近づいてきたの。

「あなたの友人の○○さんはミーティングが長引いています。上でお茶会をやっているのでぜひあなたもおいでください」と。

驚いているわたくしに「プリーズ、プリーズ」と言って急かすので、黙って従いました。案内された部屋に入ると、大勢の方が緊張して座っていて、わたくしはその中をいきなり奥まで通され上座に座らされたの。

その隣には、目が大きくて八重歯がチャーミングな男性が。

大きな優しさを感じた瞬間、いきなりイナズマに打たれたような感覚になったの。

それが今思うところのビビビッだったのね。

わたくしはその男性がインドネシアの大統領だと知る前に、自分の本能が運命を感じてビビビッとサインを送ってきたの。その後はみなさまもご存知の通り。

大統領から手紙が届けられ文通が始まり、19歳でインドネシアに旅行に行ったときにプロポーズを受け、そのまま結婚し嫁ぐことに。

出会ってから結婚するまでがまるで抗うことのできない運命であるかのように、大きな犠牲を払ってもこの方と添い遂げよう、と一瞬にしてわたくしの人生が変わってしまったわ。

もし、あの時のビビビッというサインに臆病になっていたら、いまのわたくしは存在しておりません。

だからこそ、みなさまもご自分の感じたビビビッに素直に従ってもらいたいわ。

あなたの運命が変わる直前の合図だとわたくしは信じていますから。

あなたの可能性を広げる国際結婚

最近は外国人と日本人女性の国際結婚がとても増えてきました。

国を超えたロマンスは、それこそビビビッという感覚のなせる業なのかもしれません。

「出会いがない」「タイプの人に出会わない」

決まったルーティーンを繰り返す生活に不満を感じているのなら、どんどん海外へ飛び出してみたらいいんじゃないかしら。

だって、あなたのまわりには〝いい人〟がいないのでしょ。

でも、海外まで行かなくても、この日本の中にもたくさんの外国人がいますよ。

だったら行動範囲を広げてみれば、恋の可能性も必然的に広がりますよね。

旅行でも留学でも就職でも。海外はとてもステキな男性が多くて刺激的よ。

真剣な恋愛を探すことも大切だけど、もっと日本人女性はアバンチュールの楽しみを覚えたほうがいいのかもしれないわ。

海外で「あっ、ステキ」。

こう感じる男性を見つけるだけでも、あなたのビビビッの感性は磨かれるもの。

知り合いの多い日本でアプローチをかけるより、あなたのことを知る人が少ない海外なら大胆になれるのではないかしら？

そして、それがあなたの運命に繋がっている男性かもしれない。

あなたの運命を握る人、生涯を共にするパートナーになるのが誰なのかはわからないけど、その可能性を広げる努力は最低限するべきね。

自分は外国人に好かれるほど美人ではないと思っている方がいらっしゃるかもしれません。

わたくしは外国の大使と結婚した日本人女性をたくさん知っています。皆さん、教養はあるかもしれませんがルックスは普通の方々ですよ。

ビビビッはあなたの見えない力が働いた魂のサイン。

その感覚を逃さないためにも、毎日を丁寧に過ごすことが大切なのかもしれませんね。

それはあなたの
見えない力が
大切な人だと
教えてくれる魂のサイン。

オートクチュールのマダム・グレのドレスを着る夫人。当時のパリ自宅にて。

第二十話

この世に実在する〝あげまん〟とは？

〝あげまん〟とは内助の功

男性をどんどん開運させ、社会的地位をも上げることができるという「あげまん」と呼ばれている女性についてお話ししましょう。

では、はじめにハッキリと申し上げておきましょう。この世に「あげまん」は実在します!!!

「あげまん」と付き合うと、男性がどんどん出世する。

「さげまん」と付き合うと、男性がどんどん落ちぶれる。

日本だけじゃないかしら？　一部の女性のことをそう呼ぶのは。欧米ではあまりそういう言い方はいたしません。

では、みなさまは「あげまん」と「さげまん」は何が違うのだとお思い？

その女性とセックスをすると運がよくなる。なんてウワサもありますが、それはあくまでもウワサね。わたくしは「あげまん」とは、〝内助の功〟を発揮している女性のことだと思っております。

あげまんの正体を分析

スカルノ大統領との結婚生活では、わたくしは実は妻らしい仕事を全然したことがないんですの。だって、洋服を着せる人、靴を磨く人、食事を作る人……大統領をお世話してくれる人が周りにたくさんいたので、妻としての仕事が何もなかったんですよ。

その代わり、大統領の健康を一番に考え、メンタル面でも最高の状態で政務をつかさどれるよう、ベスト・アシスタント、ベスト・セクレタリィとして彼に仕えました。

国を動かす激務をこなしながら部下には的確に指示を出し、インドネシア中を遊説しながら政務に励む。常に国民の幸せのために身を粉にして働いている方だったので、いつもキレイに身支度を整えて疲れて帰ってくる彼を華やかに出迎えておりました。帰宅後は毎晩楽しいお話をして、いつも彼が心からリラックスできるような環境を作ることを心がけていたのでした。

そして政治的には、前に出過ぎず陰ながら軍部と大統領を取り持ち、必死に奔走し政情を支え、大統領の政策がスムーズに運ぶよう、わたくしにできる限りのことを一生懸命やっておりました。

わたくしは彼の妻というより、優秀なアシスタント、最高の秘書、同じ志を持つ同志になろうと努力していたのです。

いまも年に数回、わたくしはインドネシアを訪れています。

毎回熱烈に歓迎を受けているのは、きっとわたくしがスカルノ政権で内助の功を発揮していたのを国民は知ってくれているからでしょう。

旦那様が帰宅したときに、あなたが身を整えることを怠り、毎晩グチや不平不満ばかり言っていたら、旦那様が社会でその力を発揮できないじゃない。疲れて帰ってきた人を美しい装いで出迎えたら男はハッとしますよ。

大切な男性が心からリラックスでき、実力以上の力を最大限に引き出せるよう支えて環境を整えることができる人。

男を輝かすことのできる女性こそ、あげまんの正体ね。

世界的あげまん代表格は……あの女性

政治の世界こそ、女性が男性を輝かせる最大の場でしょうね。

内助の功を発揮している女性、つまりあげまんが多いのです。

あら、わたくし？　もちろん内助の功を発揮した「あげまん」でございます。

そのわたくしが世界的レベルにあげまんだと思う女性が二人いらっしゃいます。

まず一人目は、元アメリカ大統領夫人のミシェル・オバマ。

オバマ夫人は大統領の妻として、そして彼女目当てに集まった人々を前に行う国民のことを考え抜いた堂々たるスピーチは、オバマ政権を支えた一つの柱だったわ。それに、好感度のあるファッションで注目を集めたのはさすがね。

そして、二人目はクリントン元大統領夫人のヒラリー・クリントン。

いま彼女は自分が前に出てきてしまっているけど、大統領時代に不倫問題が発覚した窮地を救ったのは彼女なの。

自分の夫がいかに政治家として実力があり、有能であるかを語り、国民の信頼にこたえる人物であるかを必死に訴えました。そして、不倫問題にも「あなたがそんなに私の夫が嫌いなら、投票していただかなくても結構です」と言い切り、その凜とした姿に聴衆はすっかり魅了されたの。あれは立派だったわね。

「あげまん」を目指すべき？

実在する「あげまん」の話を聞いたから、きっとみなさまは、「私もあげまんを目指します」なんて目を輝かせて思っているんじゃないかしら？ 無駄な結果になる前にきっぱり申し上げますが、全然無理でございます（笑）。

ノーベル賞をもらった方の奥様たちをごらんなさい。

愛し尊敬する夫が研究に没頭できるよう、どれだけの努力をしてきたかお分かり？ 疲れたころにお茶を出すなんて甘いものじゃないわ。研究室に籠もっている夫に代わり、自らが社交的にお付き合いをし、夫の成功を心から信じ、人生をかけて支え続けてきたからこそ、夫はノーベル賞を手にすることができたの。

あなたたちにこのレベルの内助の功ができるのかしら？

上を目指し心がける姿勢は美しいわ。

でも、並大抵の努力ではなしえないということを肝に銘じてちょうだい。

ノーベル賞とまではいかなくても、疲れて帰ってきた旦那様を優しく労うことはできますでしょ。まずは、旦那様の働きに感謝し、気分良く過ごせるよう工夫することから始めてみましょう。

大統領から仕事の相談を受ける夫人。

第二十一話

〝恋愛の後悔〟ほど不要なモノはない

あの人からのプロポーズ

みなさまは恋愛で後悔をしていることはありますでしょうか？

わたくしは79歳になった今でも、恋愛で後悔をしていることがひとつだけございます。

「あの人のプロポーズを受けておけばよかった」と。

あの人はわたくしのことを、他のどんな女性にも目もくれないほど憧れてくれていたの。

でも、その痛いほど強い好意に気がつかないふりをし続けていたわ。だって、そのときわたくしは、スカルノ大統領と結婚していたのです。

運命とは時にとても残酷なものです。

あの人から思いを打ち明けられ、お断りした直後、大統領は病に倒れ死去。

その後は情勢変動に巻き込まれ、生まれたばかりのカリナを連れて命からがらパリへ亡命。彼からのプロポーズのことは頭にはありましたが、娘と明日を生き抜くという目の前のことに必死でした。

大統領が亡くなったとき、どうしてわたくしはあの人のところへ行かなかったのかしら……。

それがわたくしの唯一の恋愛の後悔。

あの時あの人を訪ねていき、再婚していれば、わたくしは億万長者だったのよ。

だって、あの人は世界で最も裕福な男性の一人、大石油王のP・Gだから。

すべては自分の気が済むように！

あの人は今もロンドンにいるから、ロンドンに行くたびに〝電話したいわ〟と思うけど、今も連絡はしないまま。もう80歳を過ぎているのかしら。もちろんとっくに他の女性と結婚していることでしょう。美術館も博物館も持っているのよ！

あの人のプロポーズを受けていたら、どれだけ裕福な暮らしをしていたのかしら。大富豪の妻になるというチャンスを、自ら断ってしまったことだけが悔やまれるわ。

年齢を重ねた今も、こんなことをふっと思い出すこともございます。

後悔の念をもって生きているわたくしだからこそ、みなさんには恋愛の後悔だけはして欲しくないと心から願っております。

だって、後悔ほど人生でムダなものなんてないじゃありませんか。

ネガティブな気持ちを抱えたまま生きるなんて、そんなにバカらしいことはありません。

後悔するぐらいだったら、自分の気の済むようにするのが一番。

自分の気持ちを伝えることは、全然悪いことじゃありません。自分のプライドや恥なんてかなぐり捨ててでも気の済むようにしないと、わたくしのようにずっと消化不良のまま過ごすことになりますよ。

・あの時、自分の気持ちをありのままに彼に伝えればよかった
・どうしてあの時、素直に彼に謝れなかったんだろう

こんな後悔の念を抱えているのなら、今すぐ行動しましょう。そして、彼の本当の気持ちを確かめるべき。

もし行動に移して、その結果があなたの望むものでなかったとしても、「あなたの幸せを願っているわ」「会う機会があればよいお友達になりましょう」というように、必ずポジティブな言葉で締めくくるのがいいわね。

あなたが勇気を出して行動したのなら、それは年を重ねるごとに良い思い出となって、あなたの豊かな人生経験として積み上げられるでしょう。

〝ただの後悔〟と〝行動したという経験〟。

賢いみなさまなら、どちらが女性として幸せな生き方ができるか、もうおわかりですよね。

後悔するぐらいなら復縁すべき

実はわたくしにも別れたことを後悔して、復縁した経験がございます。

その男性は、15年の歳月を一緒に過ごした22歳年下のアラン・ポラック。

パリからニューヨークに拠点を変え生活をしていたとき、わたくしはとてもステキな紳士と出会ってしまったの。その方の社会的立場、社交上の地位、素晴らしい一戸建ての家と別荘、なんだかこの方こそわたくしにふさわしいのではないかと思うようになってしまいました。〝年若の男性と遊んでいる場合ではないわ〟という悪魔のささやきがわたくしにはありました。別れていた期間は1年半ぐらい。でも離れている時間が長引くにつれてアランのひたむきな真の愛に気づき、退屈な彼よりアランとのほうが楽しいし、わたくしの本当の気持ちにも気づいてしまった。

これってどう考えてもわたくしが悪かったじゃない。だからわたくしからアランへ気持ちを伝えました。アランはわたくしを受け入れ、それからとても幸せな日々を共に過ごしたわ。

もしあの時アランに気持ちを伝えていなければ、きっと今でも後悔していたでしょうね。

わたくしは復縁することは悪いことだなんて少しも思っておりません。

一度彼を傷つけてしまったから、わたくしは彼を傷つけないように尊重するし、離れていた寂しさを知る彼は、よりわたくしに愛を注いでくれる。これは復縁したからこそでございます。

誰だって、失敗したと思ったらやり直せばいいのよ。ただそれだけ！


ヨーロッパの歴史的な建物は、一部が朽ちたとしても補強をすることで以前よりも強く威厳を増してその存在を誇示することができます。

人と人、男と女もその関係を見直し、素直に気持ちを伝え敬い合えば、もっと強固な信頼を築けるのではないでしょうか。

恋愛で後悔していることがあるなら、自分の人生を塗り替えるつもりで行動してみましょう。

だって、人生はいつだって自分の気の済むようにして良いものですから。

1964年、聖地巡礼、メディナにて。

恋愛の後悔ほど
人生でムダなものはございません。

第二十二話

決して結ばれることのない恋

結ばれることのなかった恋

わたくしはスカルノ大統領が死去した後、亡命先のパリでその悲しみを振り払うかのように働いておりました。だって、娘のカリナを育て養うのはわたくししかおりませんでしたから。

その後スペインの銀行家フランシスコ・パエサと知り合い恋に落ち、わたくしは真剣に再婚も考えておりました。

彼はスイスで銀行を経営していたのですが、当時のスイスはスイス人以外が銀行を設立・所有することは法外、詐欺罪に当たる時代。わたくしたちが共同で買収した私立銀行の名義は全てスイス人で固められていましたが、本当のオーナーはわたくしたちでした。銀行のライセンスを剝奪されると、わたくしはパリに避難し、わたくしたちは全てのクライアントの預金を返したのですが、彼は拘留されることに。

その後、わたくしが保釈金を工面したものの、彼は姿を消したのです。

そして、わたくしの前にあらわれたのはルイ15世に近い家系だったサブラン公爵。

わたくしたちは婚約を発表いたしましたが、7年関係を続けたあと結婚に至ることなく婚約を解消いたしました。

愛だけではどうにもならないこともある

フランシスコとは彼の問題で結ばれることはなかったけど、サブラン公爵とはわたくしたちの愛だけではどうにもならず、身を切り裂かれる思いでお別れをいたしました。

当時のヨーロッパは貴族社会の名残が強く、ましてサブラン公爵はフランスの王家の方。わたくしが白人でないという理由で、周囲からの反対はそれは凄まじいものでした。70年代当時「二人の結婚は太陽が西から昇るよりも恐ろしい」と表現されて、それは絶対に結ばれない恋を象徴する言葉。わたくしは深く傷つきました。

そしてサブラン公爵との結婚のもう一つの壁は、持参金。当時、貴族との結婚には相当額の持参金が必要でした。そのとき、わたくしは娘のカリナを守るために会社を興し、軌道に乗っていたのでお金が無いわけではありませんでした。でも、持参金は日本円にして100億、1000億という途方もない金額。実際に持参金を支払い結ばれたのは、アメリカの石油富豪、世界有数の大企業の令嬢など。わたくしには到底、そのような持参金はありませんでした。

わたくしたちは心から愛し合っていたけれど、わたくしはお別れを選びました。この時、決して結ばれない恋があることを痛いほど実感しました。

彼との別れを決めてから

彼との別れを選んだわたくしは、毎日泣いて暮らしたとお思い？

あら、みなさまはわたくしのことを誰だと思っているのかしら？

わたくしが悲しみや苦しみに大事な時間を使うわけがないじゃありませんか！

娘のカリナはインドネシア大統領の娘。一度はインドネシアの文化や言葉に触れさせてあげるのが、妻として母としての役目だと思っていました。

当時わたくしは石油・ガス・水資源でのパワー・プラントに従事する会社を立ち上げていたので、いろんな会社のソールエージェント（総代理人）としてインドネシアに行く必要があったのよ。サブラン公爵との別れを決意する前、彼と一緒にヨーロッパに残るべきか……。それとも、心機一転10年ぶりにインドネシアに戻るべきか……。いろんなことを比べて考えてみたわ。
・彼は大変古いお城を持っているから毎年膨大な修繕費がかかる
・結婚してからの彼のビジョンがハッキリしていない
・7年間彼と一緒に人生を謳歌、十分楽しんだ
・わたくしたちは周囲に喜ばれる関係ではない
・彼とはわたくしが望む結婚生活は送れない
こう分析して、彼は彼の道を、わたくしはわたくしの道を選びました。

頭では冷静に考えられても、わたくしの心は複雑でした。

でも、インドネシアに戻ったわたくしとカリナは多くの人からの歓迎を受けたの。

その人気たるや、デパートに買い物に行ったら、店員全員がわたくしたちを一目見ようと大パニックだったわ。「みなさん、自分の持ち場に戻ってください」という館内放送が流れるほど。

それを聞いたときに、自分の選択が間違ってなかったって確信したわ。

きっとこれが運命だったのです。こう思い、がむしゃらにビジネスの世界を学び働いたわ。

一緒にいることのできない関係

今も思うのです。あのときサブラン公爵との恋に執着して、周りから祝福されることなく一緒にいたら、きっと今のように心からの幸せを実感することはなかったと。

あの時と違い、結婚の形態も多様化した今。それでも、家、親、宗教などの問題で決して結ばれることのない恋をしている人もいるでしょうね。もし、いま結ばれることのない恋をしている方がいらっしゃるなら、明るい未来への選択をすることをわたくしはオススメいたします。

すごい年の差、普通の家庭と大富豪。

このケースは愛し合っていれば何の問題もないの。お金はあればあるだけいいし（お金はたくさんあっても邪魔になりませんよね）、どんなに年が離れていても愛で強く結ばれていればいいじゃない。

でも、愛があってもどうにもならない問題があるなら、諦める気持ちも大切。

世の中にはたくさんの男女が存在している分、たくさんの愛の形があります。

なにも苦しい愛の形を自分から選ぶ必要がどこにありますか？

「愛し愛され、周りから祝福されてこそ幸せになれる」

男性との結婚を考える場合は、自分の気持ちが一番大切ですが、そのことも頭の片隅において婚活なさるとよろしいですね。

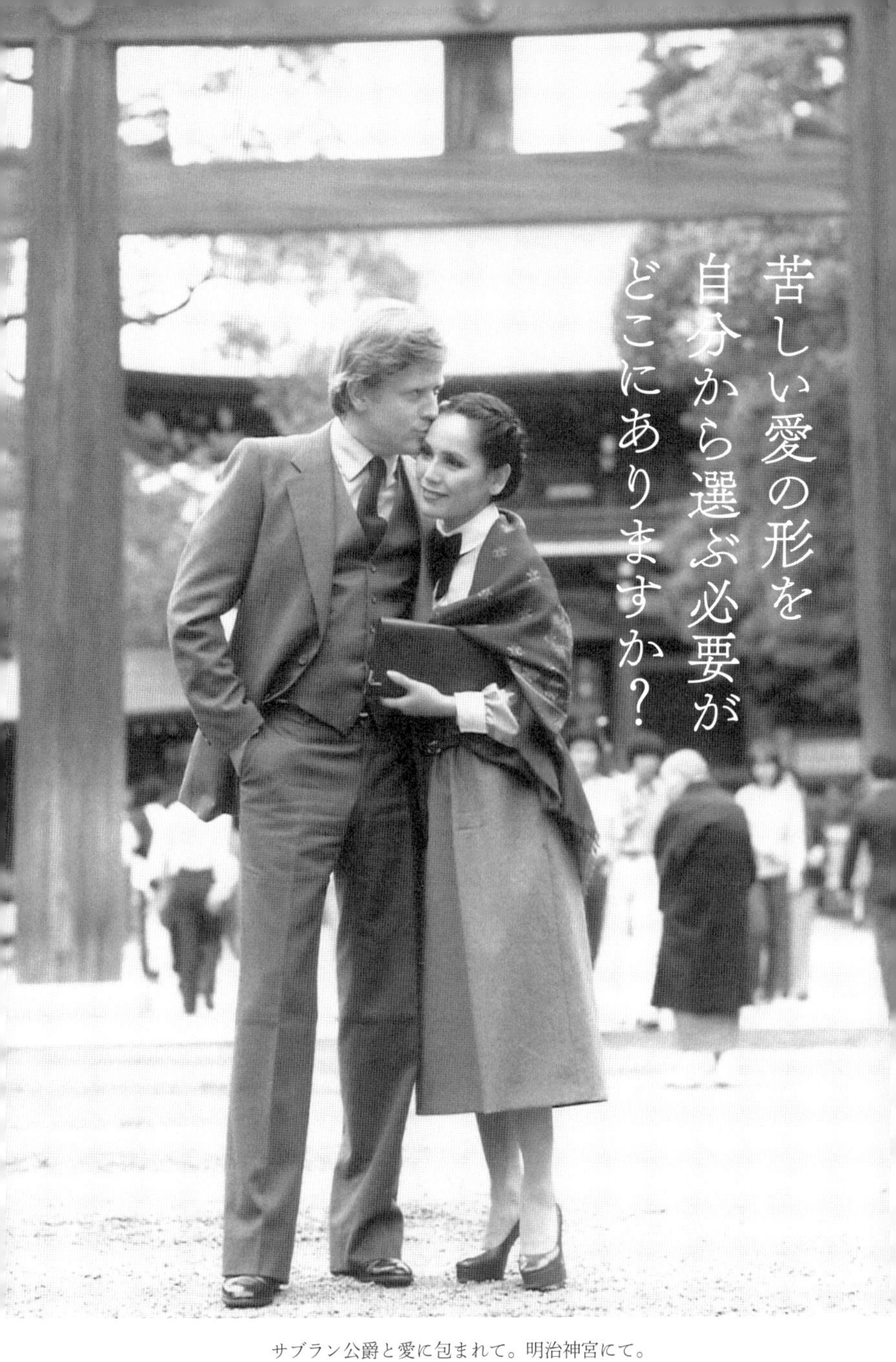
苦しい愛の形を
自分から選ぶ必要が
どこにありますか？

サブラン公爵と愛に包まれて。明治神宮にて。

第二十三話

人の彼氏を羨ましがる人は自分の幸せに気づけない

人と自分を比べること

「自分の彼氏より、友達の彼氏のほうが学歴がいい」

「あの人の彼氏のほうがいい会社で働いている」

ご自分の彼氏とよそ様の彼氏を比べている女性の声がたまに聞こえてまいります。そのたびにわたくしは思うことがあるのです。

そんなことをしても、あなたは幸せにならないのに……と。

わたくしの人生では〝人と比べる〟という概念はございません。

幼い頃は、家が大変に貧しく、裕福な同級生を見て「羨ましい」と思ったことはございます。それでも、慎ましくも母や弟と一緒に楽しく暮らしておりましたので、決して自分を〝不幸〟だなんて思ったことはありません。むしろ幼いときのその経験がわたくしのハングリー精神に火をつけ、今のような暮らしにたどり着いたのだと思っています。

貧しさは神から与えられたパワーの根源です。

もし当時わたくしが裕福な人と自分を比べ「世の中は不公平だ」「不条理だ」とひがみ、ただグチを言うだけだったら、きっと人間としてとても貧しい精神を持ち、幸せを感じることができなくなってしまっていたように思います。

だからこそ、みなさまにも自分の幸せを人と比べて欲しくないのです。

人と自分を比べて、自分のほうが上位だと思ったら優越感（スペリオリティ・コンプレックス）に浸る。自分のほうが下位だと思ったら劣等感（インフェリオリティ・コンプレックス）を抱く。

こんなこと間違っています！　あなたの幸せの尺度は、人と比べるのではなく、自分の心が決めるものだから。

人を好きになるということ

心から人を好きになったら、何があっても好きなのよ。

たとえ相手が、山賊だろうが海賊だろうが殺人犯だろうが、好きなものは好きなのです。

もし、人の彼氏と自分の彼氏を比べて、落ち込んだり、他の男性に乗り換えたりするようだったら、それはあなたの心が『男性の愛』ではなく『物質的なもの』を要求しているということ。

もっと簡単に言うと、愛よりも彼のスペックに恋しているのでしょう。

そんな女性は人間として落第です！

スペック重視の落とし穴

玉の輿に乗りたいと男性をスペックだけで判断している女性もたくさんいます。人の彼氏と自分の彼氏を比べ、もっと上を目指して男を次々に乗り換える。

スペックだけで男性を選んで本当に幸せになれるのかしら？

わたくしはいままで、とても裕福で家柄も顔立ちも良い男性とのお付き合いが幾度もありました。よその人から見たらスペック重視で選んでいるように見えるのかもしれませんが、愛のない交際は決してございません。

本当の愛を知らず、お金や出世などの欲で心を満たそうとしても虚しいだけ。たとえ結婚することに成功したとしても、愛がなければ広い部屋の中で一人〝満たされない〟という現実を知ることになるのです。そんな人生をみなさまは送りたいですか？

だいたい〝大物狙い〟と豪語する女性は、一体男性に何を与えられるのかしらね？　美貌？　知性？　教養？　まさか何も与えられるものがないのに、自分だけ貰おうだなんて考えてないかしら。与えられるものがなければ、貰うものもない。これが世の常。いい加減に目を覚ましなさい！

愛よりもスペックに目がくらみ、次々に男性を乗り換えても、その女性が行きつく果ては寂しい現実。若さも美貌もなくしてからそのことに気がついても遅いのです。

極度の上昇志向は不幸の始まり

最近このような質問を受けることがございます。

「夫人のように最高の男性と付き合う方法を教えてください」

そう聞かれるたびに、わたくしは決まってこう答えております。

「あなたには無理ですわ」と。

今ある幸せに目を向けず
無いものばかり数えても
それではいつになっても幸せは訪れません。

サリーを着てほほ笑む夫人。

そんなことを言わずに教えてくださいと言われるのですが、無理なものは無理！　だからそう答えているのです。

わたくしは素晴らしい方々に囲まれ、とても良い出会いも多く、とてもラッキーだと感じております。でも、それはわたくしのレベルの問題。

たまたまテレビに出ていますが、それはわたくしの生活の一端なのです。それ以外の毎日は世界の社交界の人々との交際がメインで、みなさまの想像をはるかに超えた異次元生活を送っております。

いきなりみなさまがわたくしと同じような生活を望んでも、それは無理なこと。ご自分の幸せを諦める必要はありませんが、地に足がついていない分不相応な暮らしを望んでも、それが叶う確率は天文学的な数値でございます。

今ある幸せに目を向けず、無いものばかりを数えても、それではいつになっても幸せは訪れません。

友達がいて、仕事があって、あなたを愛してくれる人もいる。

それはとても幸せなことではありませんか。幸せを人と比べるから人生を見誤り、不満を感じるのです。いつだって本当の幸せはあなたの心が決めるのです。

第二十四話

100年の恋も冷める恋愛の冷却期間

恋愛に冷却期間は必要なの？

わたくしが婚活論の連載をやっているからかしら？　最近は恋愛の相談を受ける機会がとても多いのです。わたくしは人様の恋愛に口を挟むつもりはありませんが、困っている方を放っておくことはできませんでしょう。パーティーや世界のセレブたちとの社交で多忙にしておりますが、時間の許す限りみなさんの恋のお悩みにお付き合いいたしましょう。

先日、このような相談を受けました。

「恋愛に冷却期間は必要でしょうか？」という質問。わたくしはその質問が終わらないうちに「そんなもの必要ありません」こう被せるようにお答えいたしました。そのぐらい冷却期間なんていうものは絶対にいらないものだからです。

計算高い女性が考える冷却期間の必要性

なぜ恋愛に冷却期間が必要なのかしら？　きっとそんなことを考えるのは、浅はかで計算高い女性に決まっています。

どうせお互いが時間を取って離れている間に

一．冷静になる時間を作る

二．あなたのマイナスイメージの払拭

三．自分を磨く時間に充てる

まあ、こんなことを考えているのでしょう。そんなことで本当にうまくいくと思っていること自体が甘いのです。では、それがどんなに醜悪な考えかひとつずつお伝えしていきましょう。

一．冷静になる時間の無意味さ

まず恋愛って〝熱〟なの。人を好きになるドキドキ感、お互いの愛を確認することも全部〝熱〟が伴うもの。それをあえて冷まそうだなんて、自分で終わりを迎えようとしていることと同じじゃありませんか。ケンカをして冷却期間だなんて、問題が冷えて固まるだけ。

恋愛の熱量は『鉄』と同じなのです。鉄は熱いうちならどんな形にも変えられる。でも、一度冷めたら固まってビクともしなくなる。だから、争いごとなんて、熱いうちに終わらせてしまうのが鉄則でございます。

わたくしは今まで愛した男性とケンカらしいケンカをしたことがないんです。もし、わたくしの意見が間違っていたとしたら、「あら、ごめんあそばせ」こう言って熱いキスをしたら終了。嫌な時間を短時間で済ませるから、恋愛で嫌な思いなんて全くないのです。

愛を冷まそうだなんて考える暇があったら、すぐに駆け付けてあなたから謝ってごらんなさい。早いうちなら、まだ二人にピッタリな形に修復できますから。

二．マイナスイメージと一緒にあなたの存在もさようなら

もしあなたが原因でマイナスイメージを忘れてもらうために冷却期間を取るなら、あなたの悪い行いと共に、あなたという存在も彼の心から忘れ去られてしまうでしょう。だいたいこういう手段は悪いことをした政治家が、悪いイメージを忘れてもらうためにとるものです。あなたは選挙に出馬するわけじゃあるまいし、そんなことする必要ないでしょう。男性を見くびるものじゃありませんよ。離れている時間に、若くてきれいな女性がその彼にたくさん寄ってきます。その彼もあなたより、素直にアプローチしてくれる女性のほうがよく感じるわ。

スキャンダルを人の記憶から消し去るのは本当に大変なことなの。ほら、たくさんの芸能人をごらんなさい、みなさん大変な思いをなさっているじゃない。ちょっと時間を置いたからといって、あなたのイメージはそんなに簡単に変えることはできません。

三．いくら自分を磨いても、気持ちが離れたら終わり

彼と離れている時間に自分磨き。よく言う〝いい女になって彼を見返す〟という方法でしょう。でも、どんなに痩せてキレイになったとしても、あなたから彼の気持ちが離れた原因をよく考えて。あなたの容姿が醜いからといって彼が離れていったわけじゃありませんよね。考えを改めて、努力をしてご自分を磨かれることは素晴らしいことです。でも、あなたがあなたを磨いている間に、その彼は新しい恋を見つけ、手遅れになるわ。

自分磨きは女性として日々行うもので、すぐに結果が出るものではありません。恋愛は気持ち

が離れた時点で終わりなの。そのことを肝に銘じてくださいい。

男が本当に女を愛した時

みなさんは『愛』というものを、ちょっと軽く見ているのではないかしら？　上辺の美しさや時間、それに打算で簡単に手に入れることはできません。

男が本当に一人の女を愛しているのなら、その人の寝起きのだらしない姿、ケンカをして泣いてマスカラで汚れた顔、下手くそな料理を出されたとしても、なんでも許し愛おしく感じるもの。惚れたほうが負け、「あばたもえくぼ」なのです。

どんな醜態も愛している女性のことは美しく映るのです。

それを理解しないで冷却期間だなんて、無駄な時間が流れるだけ。どんなに辛抱強く待っていようが、その恋愛が終わりを迎えるのは『愛』が無くなった証です。

人の『愛』を見くびってはいけません。

そして、本当の『愛』を大きく育てる術を身につけましょう。

みなさまはそれができると、わたくしは信じております。

シンプルなワンピースは、スカーフでアクセント。

第二十五話

人が恋をする理由

人はどうして恋をするの？

「どうして人は恋をするのですか？」

先日こんな質問をされ、わたくしはひっくり返りそうになってしまいました。開いた口が塞がらないとはこのことを言うのかしら？　こんな愚問は初めて聞きました。

人が恋をするのに理由が必要でしょうか？

ロボットじゃあるまいし、この世には男と女しかいないのです。自然に芽生えるのが恋。勝手に落ちるのが恋。小学生のときだって、クラスメイトにステキな男子がいたらときめいたでしょう。人を好きになるのに理由なんてないし、恋をするのにも理由なんてございません。

まったくもって無意味な恋愛の大義名分

「人として成長するには恋愛が必要だ」

「大切なことは恋愛から学べ」

こんな言葉をしたり顔で偉そうに言っている人を見ると、怒りの気持ちが湧いてくるのです。

恋をする理由とか意味だとか、みんなが苦しく定義づけをするからどんどんこじらせてしまうのではないかしら。

人間が成長するのは何も恋愛だけではありません。いろんなことがあるのです、人生は。

恋愛も含め、いろんな経験をしながら人は成長をしていくもの。

たしかに恋愛で学べることもあると思うけど、毎日のことからの学びのほうが大きいわ。学びや自己成長のために恋愛をしようだなんて、そんなことを思っていること自体が大きな間違い。いったい今の日本はどうしちゃったのかしらね？

恋愛を定義づけする理由

みなさんが恋愛を難しく考えたり、複雑にしているのは、きっと正面から向かい合うことが怖いから。

失恋で傷つくことを必要以上に怖がったり、〝いい人と結婚したい〟という気持ちが強すぎて自然に恋愛に飛び込むことを恐れているの。

・なかなか好きな人ができない
・いい男がいない
・出会いがない

真剣に向かい合うことが怖いから、ゴタゴタ言い訳を並べて自分の逃げ道を用意しているの。
○歳までに結婚したい、○○な男性じゃなきゃ、○○な男性を選ぶべき……。
そんなくだらない概念は、全部捨ててしまいなさい！

恋愛なんて自然にするものなのに、自分でどんどんハードルを上げて、自分を追い詰めるから逃げ出したくなるのです。自分の理想に当てはまる男性を探そうとしているから、選択肢が減っているのです。

そういう人に限って「幸せになりたい」なんて平気で言うじゃない。

本当に幸せになりたいと願うなら、自分の心を縛り付けるのをおやめなさい。そうしたら自然と人を好きになり、恋をすることができると思います。

あなたが選ぶものは全てが正解

男性と出会ったときにすべきこと、男性から選ばれること、結婚生活で大切なことや、もっと大きな喜びのためにセックスを焦らすことの大切さなど。

今までわたくしは、良縁を掴むためにみなさまにいろいろなことをお伝えしてきました。

でも、いろいろなルールや方法に縛られて臆病になってしまったり、恋愛を楽しめない気持ちがあるのなら、もう全部やめてしまいなさい。

「何のために恋愛をするの？」

もしこの質問に答えがあるとするなら、愛を謳歌するため。それ以外に何もございません。

恋をするととっても楽しいの。

恋は何よりも生きている一番の証。人間の情感や、情操を無限に豊かにしてくれます。

愛を与え、愛をもらうととっても心が温かく安らぐの。

だからこそご自分の心のままに楽しんでごらんなさい。

ルールや人の目に囚われて自分の人生にブレーキをかけるなんて、そんなにもったいないことはございません。

全てはみなさんの心のままに自由に楽しみなさい。

あなたの人生は全てあなたが選んだことが正解。だからあなたの気が済むようになさるのが一番でございます。

最後にみなさまへ愛のメッセージ

今までわたくしは、みなさんに本当の愛を知ってもらいたくていろいろとアドバイスをさせていただいてきました。

でも、もうみなさんの心は何が正解かを知っているはず。

もし、これから恋愛で迷うことがあればこの言葉を思い出してちょうだい。


「人生はあなたがワクワクするほうを選びなさい」


思い返せば、わたくしがインドネシアに渡ったのも、大統領のプロポーズをお受けしたのも、いままでのたくさんの恋も、全ては自分のワクワクするほうを選んだ結果でございます。

この答えを選ぶと、自分の未来が明るく感じられる。

この男性と一緒にいると心から楽しい。

ご自分の出した答えにドキドキしたり、楽しい未来を思い描けるのなら、それがこれからあなたの進む道。あなたの人生です。

それがたとえ、間違ったチョイスであっても、その瞬間はあなたの一生の大切な思い出であるはず。ワクワクするという、その小さな選択のひとつひとつが、素晴らしいあなたの未来へとつながっていることを忘れないでください。

いつだってわたくしはみなさまの幸せを願っております。

では、ここで失礼いたします。
みなさま、ごきげんよう。
愛をこめて♡

デヴィ・スカルノ

おわりに

豪華なドレスに身を包み、高価な宝石を纏って。
みなさんはわたくしの姿を見るたび、「大統領夫人になれたおかげね」と思うようですが、ここまで書いてきた通り、これらはすべてわたくしが自ら働き、手にしてきたものです。
人の3倍、勉強して
人の3倍、働いて
人の3倍、努力して
そのために睡眠時間は、人の3分の1。
貧しかった学生時代から、豊かさに囲まれた今も、この精神は変わりません。
人には誰でもチャンスが訪れます。
自分の人生にもがき努力をされている人には、そのチャンスが何度でも訪れます。
一方で、チャンスの訪れに気がつかない人がいます。どういう人が気がつかないのか、それは人生の目標、目的、使命感を持っていない人たちです。そういう人が見過ごしてしまうのです。

チャンスが目の前に来たら、必ず摑むこと。

誰に遠慮も謙遜もいりません。

摑んだチャンスは努力と能力を注ぎ、成功させてみせる。

そして、その成功を維持し進化させるのです。

わたくしの人生は、まさにこの連続でした。

だからこそ、79歳にしてこう、物が言えるのです。

わたくしにとって人生は戦い、わたくしは戦場の一戦士です。

わたくしは病気をしたことがありません。病気になっている時間がなかったとも言えます。病気で休むなんて、わたくしにとっては贅沢なことだったのです。

どんな辛い状況に身を置かれても、その人の考え方でどうにでもなるものです。

わたくしは遊雅《ゆうが》、裕雅《ゆうが》、優雅《ゆうが》の究極を「秀雅《しゅうが》」となすことをモットーとしています。


幸せはいつもあなたの心が決めるのですから。

わたくしはいつも、みなさまの幸せを願っています。

2019年2月6日
ラトナ・サリ・デヴィ・スカルノ

選《えら》ばれる女《おんな》になりなさい　デヴィ夫人《ふじん》の婚活論《こんかつろん》

2019年2月6日　第1刷発行
2025年3月5日　第20刷発行

著者　　ラトナ・サリ・デヴィ・スカルノ

発行者　清田則子
発行所　株式会社　講談社
〒112-8001　東京都文京区音羽2-12-21
編集　☎03-5395-3447
販売　☎03-5395-3606
業務　☎03-5395-3615

印刷所　株式会社新藤慶昌堂
製本所　大口製本印刷株式会社

構成・文　西村真紀
ブックデザイン　田中久子

写真　Office Dewi Sukarno

ISBN 978-4-06-513671-3

※第一部は、デヴィ夫人による体験の回想録です。第二部はwith onlineで連載していた「デヴィ夫人の婚活論・選ばれる女になりなさい」をもとに再構成・編集したものです。